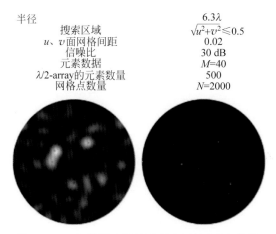

半径	6.3λ
搜索区域	$\sqrt{u^2+v^2}\leq 0.5$
u、v 面网格间距	0.02
信噪比	30 dB
元素数据	$M=40$
$\lambda/2$-array的元素数量	500
网格点数量	$N=2000$

图 2.17 5架模拟飞机越过观察区的 DOA 估计

左 DOA 是来自波束成形方法的估计。通过 CS 方法估算正确的振幅分布。真实的目标位置用紫色的"x"标记突出显示,而估算值以绿色强度点显示。源自文献[52]

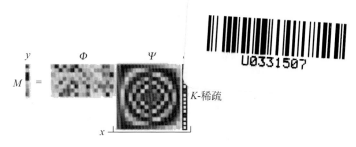

图 3.1 CS 获取和重建的相关符号

CS 测量是针对一个向量 X 进行的,该向量在其他正交基 Ψ 中是 K 稀疏的,并通过随机次高斯矩阵 Φ 进行感知,其中测量值个数 $M \ll N$[18]

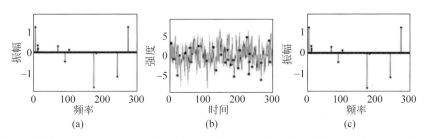

图 3.4 输入时域信号 $f(t)$ 的频率图(a)与图 3.3 对应的输入信号 $f(t)$(蓝色),CS 随机采样信号(红色)(b)和输入信号 $f(t)$ 频谱的 CS 重建输出估计信号(c)

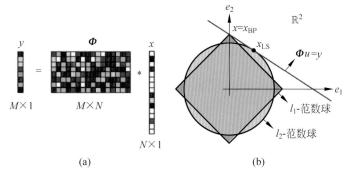

(a)   (b)

图 3.5　通过矩阵运算进行压缩感知的可视化表示图,即将随机感知矩阵 **Φ**
　　　　作用于输入信号 x(a)和利用不同 l_p 所得的两种重建算法最小二
　　　　乘(l_2)和基追踪(l_1)的近似误差图[78](b)

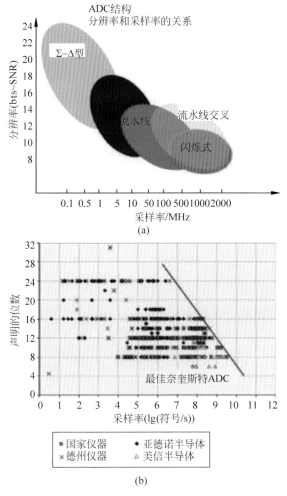

(a)

(b)

图 3.6　不同 ADC 下采样率与分辨率关系图(a)与不同厂家 ADC 技术的创新
　　　　率[116,133](b)

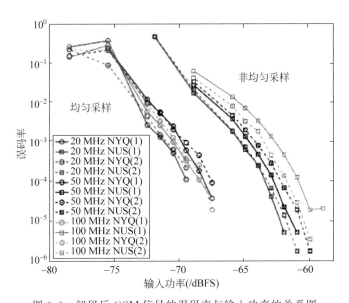

图 3.9　解码后 GSM 信号的误码率与输入功率的关系图

圆圈代表两个随机产生的信号(表示为(1)或(2))在 3 个杂波级别(20 MHz、50 MHz 和 100 MHz)上的统一 ADC 性能。方形代表 NUS 在相同信号上的性能。实线和虚线分别表示随机信号(1)和(2)在不同条件下的实验结果[182]

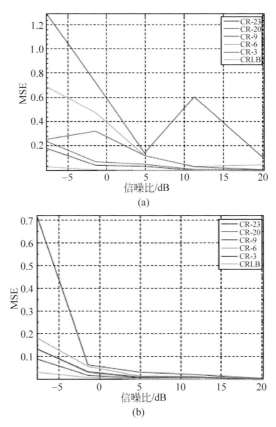

图 5.3 输入信号为二元 FSK 调制

(a)(b)分别是贪婪算法 CoSaMP 和 OMP 相位恢复均方误差。CRLB 代表了理想的 MVUE,并作为恢复估计的基准,两图 MSE 尺度不同

(a) 输入为 FSK 调制信号的相位恢复均方误差,改变 CS 采样压缩比时,CRLB 和 SNR(从低到中)的比较,采用 CoSaMP 贪婪 CS 算法进行恢复;(b) 输入为 FSK 调制信号的相位恢复均方误差,改变 CS 采样压缩比时,CRLB 和 SNR(从低到中)的比较,采用 OMP 贪婪 CS 算法进行恢复

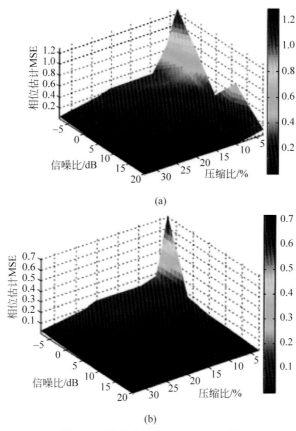

(a)

(b)

图 5.4　输入信号为二元 FSK 调制

(a)(b)分别是贪婪算法 CoSaMP 和 OMP 相位恢复的最小均方误差。三维图显示了信噪比(y 轴),压缩比(x 轴)和相位估计精度三者之间的关系

(a) 输入 FSK 调制信号,相位估计均方误差随信噪比(低到中)以及压缩比变化情况,采用 CoSaMP 贪婪算法进行 CS 恢复;(b) 输入 FSK 调制信号,相位估计均方误差随信噪比(低到中)以及压缩比变化情况,采用 OMP 贪婪算法进行 CS 恢复

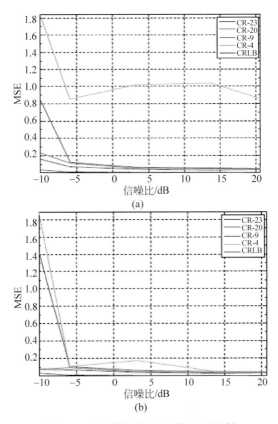

图 5.5　输入信号为二进制 PSK 调制

（a）（b）分别是贪婪算法 CoSaMP 和 OMP 相位恢复均方误差。CRLB 代表了理想的 MVUE，并作为恢复估计的基准

（a）输入为 PSK 调制信号的相位恢复均方误差，改变 CS 采样压缩比时，CRLB 和 SNR（从低到中）的比较，使用 CoSaMP 贪婪算法进行 CS 恢复；（b）输入为 PSK 调制信号的相位恢复均方误差，改变 CS 采样压缩比时，CRLB 和 SNR（从低到中）的比较，使用 OMP 贪婪算法进行 CS 恢复

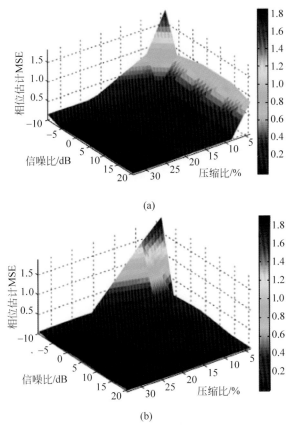

(a)

(b)

图 5.6　使用贪婪 CoSaMPCS 和 OMP 算法进行相位恢复的均方误差

三维图显示了信噪比（y 轴），压缩比（x 轴）和相位估计精度三者之间的关系

（a）输入 PSK 调制信号，相位估计均方误差随信噪比（低到中）以及压缩比变化情况，使用 CoSaMP 贪婪算法 CS 恢复；（b）输入 PSK 调制信号，相位估计均方误差随信噪比（低到中）以及压缩比变化情况，使用 OMP 贪婪算法 CS 恢复

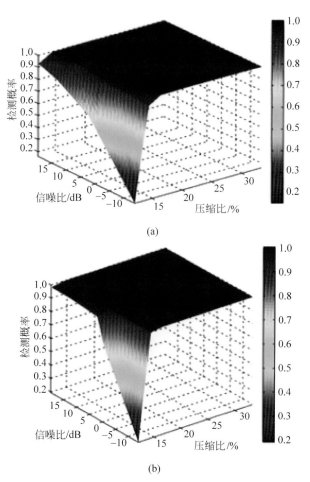

(a)

(b)

图 5.7　输入信号为二元 FSK 调制,贪婪算法 CoSaMP 和 OMP Binary index 恢复
　　　　估计(BIE)检测概率(PD)

三维图显示了基于 CS 恢复的信噪比(y 轴),压缩比(x 轴)和检测概率(PD)三者之间的关系

(a) 输入 FSK 调制信号,正确 BIE 估计检测概率随信噪比(低到中)以及压缩比变化情况,使用
贪婪 CoSaMP 贪婪算法 CS 恢复；(b) 输入 FSK 调制信号,正确 BIE 估计检测概率随信噪比
(低到中)以及压缩比变化情况,使用 OMP 贪婪算法进行 CS 恢复

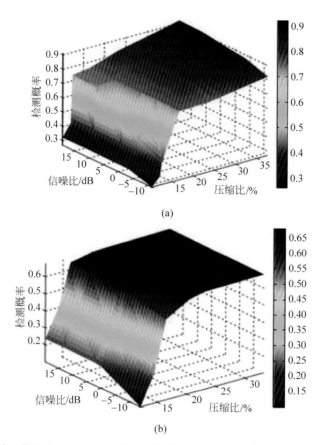

图 5.8　输入信号为二元 PSK 调制，贪婪算法 CoSaMP 和 OMP Binary index 恢复
　　　　估计(BIE)检测概率

三维图显示了基于 CS 恢复的信噪比(y轴)，压缩比(x轴)和检测概率三者之间的关系

(a) 输入 PSK 调制信号，BIE 正确估计检测概率随信噪比(低到中)以及压缩比变化情况，使用
CoSaMP 贪婪算法进行 CS 恢复；(b) 输入 PSK 调制信号，BIE 正确估计检测概率随信噪比
(低到中)以及压缩比变化情况，使用 OMP 贪婪算法进行 CS 恢复

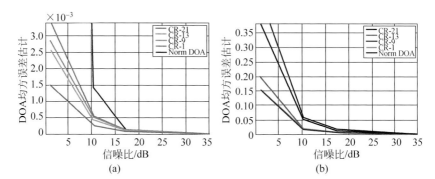

图 6.2　常规 DOA 方法和 CS DOA 方法与真实 DOA 对比的均方误差（MSE）曲线
每条曲线代表对应一个压缩率。CS 恢复使用 OPM 贪婪算法，DOA 估计的两个方法均使用
MUSIC 算法。计算入射信号为 2FKS 调制信号的 MSE，(a)的 ULA 由 10 个天线组成而(b)为
3 个。入射信号的 DOA 区间为−75°：75°

(a) DOA 估计区间为[−75：75]，输入信号为 FSK 调制信号，在不同 SNR 环境下(低到中)，利
用 10 个天线的 ULA，在常规采样率下使用 MUSIC 算法进行 DOA 估计的 MSE；(b) DOA 估
计区间为[−75：75]，输入信号为 FSK 调制信号，在不同 SNR 环境下(低到中)，利用 3 个天线
的 ULA，在常规采样率下使用 MUSIC 算法进行 DOA 估计的 MSE

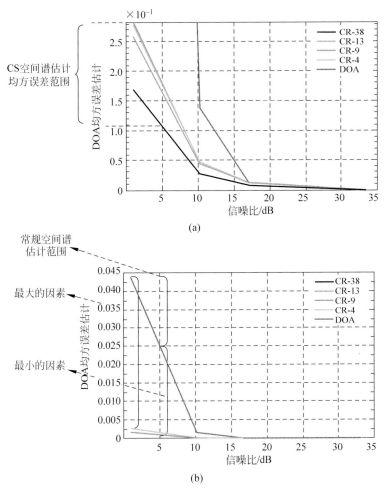

图 6.3　一个简单的图示

DOA 估计区间为[−75：75]，输入信号为 FSK 调制信号，在不同 SNR 环境下（低到中），利用 10 个天线的 ULA，在常规采样率下使用 MUSIC 算法进行 DOA 估计的 MSE；本节的其他仿真中，对于计算类似的值相同的约定同样适用

(a) 阐明如何确定在低 SNR 下 CS DOA 估计的 MSE 区间范围；(b) 阐明相应的 MSE 最小和最大因子以及通常 DOA 估计的 MSE 区间范围

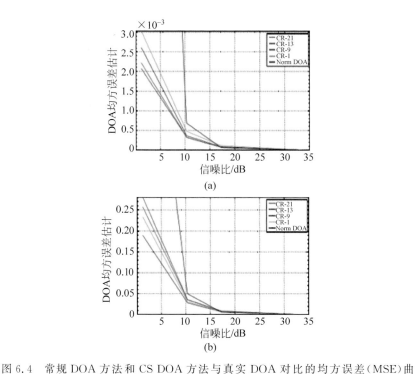

图 6.4　常规 DOA 方法和 CS DOA 方法与真实 DOA 对比的均方误差（MSE）曲
　　　　线，每条曲线对应一个压缩率，计算入射信号为 2PKS 调制信号的 MSE

(a)的 ULA 由 10 个天线组成而(b)为 3 个。入射信号的 DOA 区间为−75°∶75°

(a) DOA 估计区间为[−75∶75]，输入信号为 PSK 调制信号，在不同 SNR 环境下（低到中），利用 10 个天线的 ULA，在常规采样率下使用 MUSIC 算法进行 DOA 估计的 MSE；(b) DOA 估计区间为[−75∶75]，输入信号为 PSK 调制信号，在不同 SNR 环境下（低到中），利用 3 个天线的 ULA，在常规采样率下使用 MUSIC 算法进行 DOA 估计的 MSE

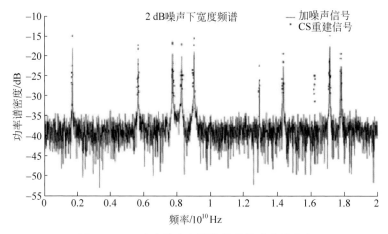

图 7.3　CS 重建算法和原始信号的功率谱密度

Compressive Sensing Based
Algorithms for Electronic Defence

基于压缩感知的
电子防御算法

[印] 艾米特·库马尔·米什拉（Amit Kumar Mishra）

[南非] 里诺·施特劳斯·韦斯特（Ryno Strauss Verster） 著

张立东　王建涛　陈倩倩　王晓波　译

清华大学出版社

北　京

北京市版权局著作权合同登记号　图字：01-2020-3287

Translation from English language edition：
Compressive Sensing Based Algorithms for Electronic Defence
By Amit Kumar Mishra，Ryno Strauss Verster
Copyright © Springer International Publishing AG 2017
This edition has been translated and published under licence from
Springer Nature Switzerland AG.

图书在版编目（CIP）数据

基于压缩感知的电子防御算法/（印）艾米特·库马尔·米什拉（Amit Kumar Mishra），（南非）里诺·施特劳斯·韦斯特（Ryno Strauss Verster）著；张立东等译.—北京：清华大学出版社，2021.12（2023.11 重印）

书名原文：Compressive Sensing Based Algorithms for Electronic Defence
ISBN 978-7-302-59771-1

Ⅰ.①基… Ⅱ.①艾… ②里… ③张… Ⅲ.①电子防御－算法 Ⅳ.①E813

中国版本图书馆 CIP 数据核字（2022）第 000232 号

责任编辑：王　倩
封面设计：何凤霞
责任校对：王淑云
责任印制：丛怀宇

出版发行：清华大学出版社
　　　　　网　　　址：https://www.tup.com.cn，https://www.wqxuetang.com
　　　　　地　　　址：北京清华大学学研大厦 A 座　　　邮　　编：100084
　　　　　社 总 机：010-83470000　　　　　　　　　邮　　购：010-62786544
　　　　　投稿与读者服务：010-62776969，c-service@tup.tsinghua.edu.cn
　　　　　质量反馈：010-62772015，zhiliang@tup.tsinghua.edu.cn
印 装 者：涿州市般润文化传播有限公司
经　　销：全国新华书店
开　　本：153mm×235mm　　印　张：11　　插　页：6　　字　　数：199 千字
版　　次：2022 年 2 月第 1 版　　　　　　　印　　次：2023 年 11 月第 3 次印刷
定　　价：69.00 元

产品编号：087419-01

目录
CONTENTS

第一部分　电子防御与压缩感知

第三部分　总结和附录

第一部分

电子防御与压缩感知

第1章

绪　论

本书将介绍基于压缩感知（compressive sensing，CS）的算法在电子支援（electronic support，ES）任务（如调制通信信号的波达方向（direction-to-arrival，DOA）估计和频谱感知）中的应用，也向读者提供电子防御和压缩感知的概述。将压缩感知应用于电子支援①时，其中一个任务是减少算法的计算量和内存需求，以提高系统性能。

大多数现代 ES 系统被发展成可在强噪声、干扰、频率捷变的复杂电磁环境中，同时执行检测、分类、波达方向估计和射频（radio frequency，RF）信号识别任务。即使在低强度冲突作战场景中，电子支援对计算性能也有一定要求。因此，为了适应匹配计算量的需求，现代 ES 系统的接收机都采用现场可编程门阵列（field programmable gate array，FPGA）[147]和数字信号处理（digital signal processing，DSP）进行计算处理。

ES 系统的硬件采用 DSP 和 FPGA 等高性能处理器，其处理能力得到提高，但是处理所需的内存问题并没有得到改善。实际上，现代 DOA 估计技术比常规技术需要更多的内存。CS 方法提供另一种解决方案，可通过亚奈奎斯特采样来减少需要输入的数据，降低处理过程对内存的需求。

自从 CS 可以在现代 DSP 平台上实际运行以来，CS 研究一直快速发展[28,44]。在大多数情况下，基于 CS 技术的软件部署不需要额外的硬件。换句话说，原则上，在 ES 任务中使用 CS 技术可通过简单地更改 ES 任务的信号处理软件来实现，相应的硬件成本仅略微增加，而且只增加少量计

---

① 电子支援是电子防御的一个子项，电子支援装备用于收集、截获、识别和定位敌信号[3]，用于执行与所收的信号威胁等级相关的特定任务。接收的辐射源信号可以用于态势感知[1]，换句话说，可以决定敌人武器或电子装备的类型和位置。ES 系统需要在收集大量实时数据的同时优化数据吞吐量。ES 系统的目标是确定存在的电磁辐射源的类型和位置。

算量[173]。

本节在最后将概述应用于 DOA 估计(特别是对调制通信信号)的 CS 技术的问题陈述、范围和局限性,并讨论设计目标,给出本书每章概述。

1.1　动机和问题陈述

电子支援过程中遇到的大量通信信号给电子支援作战带来了充满挑战的工作环境[42],现代通信信号的调制技术主要包括常规的模拟类型调制(FM,AM,SSB 等)和数字调制(FSK,MSK,QPSK,BPSK 等)。大量实时数据的采集会带来更高的存储需求,因此大量的通信信号的存在让作战支持对数据吞吐量的优化提出了更高的要求。

与以前的模拟子系统相反,大多数现代 ES 系统处理都是在数字处理平台(FPGA 和 DSP 内核)上进行的[175]。虽然硬件的处理速度遵循摩尔定律在高速发展,但是高性价比的 DSP 处理平台还没有实现,因此在 ES 领域发展更换性好、成本低的系统也很有必要。

CS 方法通过亚奈奎斯特采样解决内存负载问题,从而减小、优化数据吞吐量。此外,通过调整软件和微调信号采集方法,可以使用现有的信号处理平台来实现新开发的压缩感知技术。因此,CS 所拥有的独特属性使它成为减小数据量的理想选择。

本书只展示在电子防御(electronic defence,ED)①的特定应用方面,基于 CS 技术相比基于传统奈奎斯特采样定理的方法有更好的计算性能。然而,本书并没有给出 ES 技术对所有电子防御系统的效果,CS 技术是否能发展到对所有 ES/ED 系统都适用仍是一个悬而未决的问题。

1.2　大纲和贡献

本书其余部分,将描述开发、设计、测试电子支援任务中应用压缩感知算法的情况,详细回顾公开文献中介绍的应用于电子支援的压缩感知算法,然后深入研究利用基于 CS 重建来获取通信信号 DOA 和基于 CS 的频谱感知的技术。本书的内容按章节详细介绍如下。

―――――――――

①　电子防御和电子战术语在公开文献中可以互换使用,指的是同一概念,即在友好和敌对作战场景下,保护和确保电磁频谱使用安全的战术军事任务,这个军事任务能够保护战场资产(装备和人)安全。本书将使用术语电子防御。

第2章：电子防御系统，将讨论和回顾现代常规电子防御系统，尤其侧重电子支援任务，如检测和估计方法以及相关的计算和存储需求。

第3章：压缩感知采集和重构，介绍通用压缩感知框架，在分析当前文献压缩感知采集方法的基础上，提出应用于电子支援任务的基于压缩感知信号重建和采集的最佳方法。

第4章：基于压缩感知的特定调制信号到达方位估计，基于文献，介绍一种基于CS方法，用于重建已知载波频率的数字调制输入信号的相位；此后将概述如何使用这种相位估计来确定入射在均匀线性阵列（uniform linear array，ULA）上的数字调制信号的到达方向。

第5章：基于压缩感知的移位键控调制，通过仿真展示在低信噪比情况下，幅度移位键控（amplitude shift keying，ASK）、相位移位键控（phase shift keying，PSK）和频率移位键控（frequency shift keying，FSK）数字调制信号的CS相位重建能力；根据仿真结果，讨论重建性能，给出合理的结论。

第6章：压缩感知的特定调制信号DOA估计，通过仿真展示在低信噪比情况下，幅度移位键控、相位移位键控和频率移位键控数字调制信号基于压缩感知的精确DOA估计能力；根据仿真结果，讨论与运算和内存需求有关的各种性能参数，给出合理结论。

第7章：基于CS的频谱感知，展示近期提出的基于压缩感知算法，在电子防御频谱监测领域减少数据采集的好处；此外，还将介绍一种改进的基于压缩感知算法，称之为有选择的频谱感知，可进一步提高频谱感知的信号估计性能，该算法利用了感兴趣频带先验信息，即使在恶劣的信噪比条件下，也可以获得良好性能。

第8章：结束语，将对基于CS的电子战系统设计的未来发展方向进行一些讨论。

第9章：相关理论背景附录，附录提供了一些与本书相关的理论背景知识，如果读者刚刚接触本领域，强烈建议在阅读本书之前先阅读本章内容。

第2章

电子防御系统

2.1　简介

电子防御(ED)定义为保留电磁(electro-magnetic,EM)频谱用于友好使用而拒绝敌人使用的艺术和科学。电磁频谱作为一种自然资源(被利用或被滥用)所具有的内在价值,是电子防御系统合理利用电磁频谱获得益处的重要原因。电子防御通过利用特定的电子防御接收系统和发射系统(如干扰机)来保护电磁频谱资源。电子防御接收系统(属于电子支援子类)用于检测、监视和定位电磁辐射源(友方和敌方),电子防御对抗措施用于降低威胁(敌方电磁辐射源)的效能。[①]

通信领域中,用于商业用途和军事用途的频谱占据了电磁频谱的大部分/频带(如 FM,AM,GSM,UMTS,LTE,WiFi,WiMax 等)。与电子支援措施一样,实现感兴趣频段信号的监测或感知监测的典型技术被保留,并出现了一些工作任务,如跟踪和截获通信信号用于情报收集。

本章将进行重要的文献综述,详细阐述电子防御领域的电子支援内容及其应用,也将给出通信系统的实现内容。本章的讨论主题十分广泛,包括电子防御的被动通信系统(称为电子支援接收系统)、信号检测、通信技术、射频传播理论和信号测向。

2.1.1　电子防御概述

电磁防御系统能够感知和监测电磁频谱,该监测的电磁频谱范围从交

---

① 电子防御发射和接收系统涉及多个学科领域,如雷达、通信、数字信号处理、天线理论、无线电系统、高性能计算和计算机网络,为用户提供高效的电磁频谱效能。

流电(alternating current,AC)到伽马射线,监测频段范围宽,并能够实现该较宽监测频段的管理和控制。

ED领域充分利用了这一可用的电磁频谱,即射频、红外、光学和紫外光谱[2]。电磁频谱的可用性详见图2.1。

传统上,ED被划分为以下3个领域:

(1)电子支持措施(electronic support measures,ESM)。

(2)电磁对抗(electromagnetic countermeasures,ECM)。

(3)电磁反对抗(electromagnetic counter-countermeasures,ECCM)。

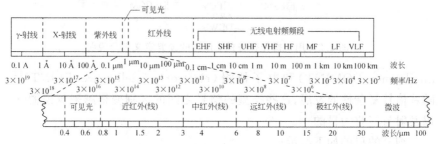

图2.1 对电磁波谱使用的频率和波长、来源和适应形式的说明

然而近年来,在北大西洋公约组织(North Atlantic Treaty Organization,NATO,简称北约)[2]的指导下,其中部分功能被重新命名和定义——目前已被许多国家广泛接受,但不是所有国家。

根据之前的定义,电子防御(ED)细分如下(详见图2.2)。

(1)ESM,接收系统,主要用于电子防御的拦截。

(2)ECM,干扰、箔条、信号弹用于对抗雷达、军事通信和武器系统等系统。

(3)ECCM,电子反雷达和通信系统设计或操作措施。

根据北约重新定义的最新观点,电子防御子系统/分系统现在被定义为电子支援、电子攻击(electronic attack,EA)和电子防护(electronic protect,EP)子系统。下面将详细介绍这3个部分。2.1.2~2.1.4节将描述这些划分如何包括与图2.2相关的经典定义。

在图2.2中,ES与ESM的经典定义相同;EA与之前的ECM一样,包括干扰、箔条和信号弹,还包括反辐射武器和直接能源武器;EP与经典的ECCM定义相同。

为了清晰起见,区分ESM(或ES)和信号情报(signal intelligence,SIGINT)非常重要,后者包含两类智能系统,即通信情报(communication

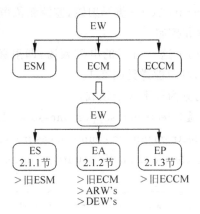

图 2.2　用于操作任务的 ED 域的经典定义细分说明

intelligence，COMINT）和电子情报（electronic intelligence，ELINT）[2]。随着信号复杂性的发展，这些类型的信号之间的区别变得越来越模糊——以发射与接收为目的[1]。

细分的目的如下所示。

（1）通信情报，操作任务包括接收通信信号，目的是从相关信号携带的数据或信息中提取情报。

（2）电子情报，这些行动对非通信信号（雷达信号）感兴趣，用于确定敌人使用的电磁系统的类型，以便开发对抗措施。ELINT 系统通常可在很长一段时间内收集大量数据。

（3）ES/ESM，ES 的工作方式是收集、拦截、识别和定位敌方信号[3]，以便执行与接收信号所含威胁级别相关的特定任务。该信号也可用于态势感知[1]。换句话说，信号可以用来确定敌方武器的类型和位置或其电子能力。ES 系统通常需要优化数据吞吐量，同时收集大量的实时数据。这类系统的主要目标是确定存在的发射器类型以及它们的位置。

本书的大部分目标和操作任务将集中在 ES 领域内，然而由于专门处理通信信号的性质，因此通信情报系统的某些方面也将被包含在本书中。

2.1.2　电子支持

在有资产（有用的人员和设备或武器）在战场上的主动或被动作战情况下，收集尽可能多的物理环境信息和附近的通信信息以评估其威胁水平是一项高度优先的行动。这种信息收集确保了人员和设备[3]的安全。电磁频谱 ES 通过电子拦截通信和其他射频信号（如雷达）来完成这项任务。典型的拓扑结构如图 2.3 所示。

ES 的目标是为其他电子防御系统提供准确的战斗信息,以便对威胁作出警报和适当的反应。建议读者参阅附录,了解更多有关 ED 理论和 ES 系统应用的信息。

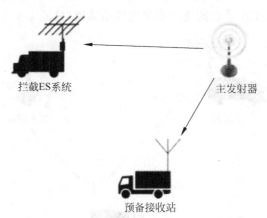

拦截ES系统　　　　　　　　　　　　　主发射器

预备接收站

图 2.3　可能部署在现场的电子支援的操作

这是 ES 系统拦截布局的典型应用,拦截来自通信节点的对手传输的通信,摘自文献[3]并由作者修改

ES 系统提供搜索、拦截、识别和定位(有意和无意的)电磁辐射源的能力[157]。这些任务包括对敌方或友方信息的实时信号进行采集和处理,以产生情报并传递给子系统。截获通信信号由几个步骤组成:接收信号,识别信号类型,最后定位辐射源(通过 DOA 估计方法实现)。从信号中获取用于推断发射源位置的信息,即 DOA 估计,被认为是 ES 系统的关键任务[126]。

2.1.3　电子攻击

电子攻击(EA)的核心目标是限制敌人利用电磁频谱进行通信、信息交换和(或)其他非法活动(红外和光学探测和跟踪)。这种信息断绝可以分为两种方案:首先是信息保护(通过欺骗或加密的方式保护自己的通信链路),其次是信息攻击(拒绝用户使用自己的通信链路)[3]。在电子防御的多数情况下,对敌方通信系统进行攻击以阻止其信息交换是确保信息优势控制策略成功的重要任务之一。

通常情况下,在敌方进行通信交换信息时进行阻止操作是通过电磁干扰来实现的,简而言之就是通过一个通信干扰机在敌人的射频链路上发射过量的(大量的)射频能量[3,157]。这并不能反映 EA 技术和工艺的全部领域范畴。这种干扰机技术在文学和工业中的先进性[3,34,157] 是 ED 在这一方面所涉及的剩余部分。

然而,就目前的工作范围而言,本书将不再对更加多样化的 EA 系统进行批判性分析。EA 系统的进一步研究留给读者(见图 2.4)。

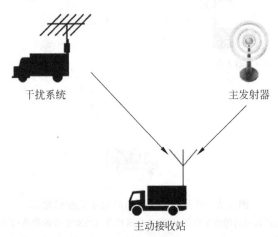

干扰系统   主发射器

主动接收站

图 2.4   在现场部署的可能的电子攻击的操作

这是 EA 系统的典型应用,其中使用干扰机来降低对手从通信节点的传输效率,摘自文献[3]并由作者修改

2.1.4   电子防护

电子防护(EP)系统旨在限制友军系统被敌方 ES 和 EA 系统干扰的穿透力和敏感性[1,157]。这是一个复杂的过程。为了完成保护友军部队的预定任务,必须采取一系列办法。EP 系统的主要目标是保护友军信息(通常是电信)不被敌方操纵。

下面详细介绍了一些主要的 EP 措施。

(1) 发射控制(emission control,EMCON)是一种智能控制,在一段时间内协调友好的传输。特别地,它限制了某些传输源在关键节点的访问,以免被敌方的 ES 和 EA 系统[3]发现。

(2) 低概率截获(low probability intercept,LPI)(扩频)信号故意使用传输数据在频率上扩频带宽。这是有意的,以防止对方 ES 和 EA 系统的拦截、定位和干扰信号等任何企图[2]。

(3) 屏幕干扰是一种聪明而简单的技术,在友军通信网络和敌方的

SIGINT 系统之间引入射频能量,以阻止对传输[3]的拦截。这是由特定于用户的干扰系统完成的,与 EA 干扰系统非常相似,但具有不同的目标。

(4) 加密是在传输被截获和提取以获取情报的情况下用于确保数据传输保真度的经典技术。

所有这些技术在与敌方电子战中都被用来保护己方通信不被拦截。

对 EP 的讨论是对 ED 领域概述的一部分,而本书的重点将局限于 ES 系统,因此本书对 EP 的详细介绍将很少。

2.2　电子支援通信应用

本书工作的应用包括电子支援和通信情报(信号情报的子部分)两部分,重点是使用压缩感知技术实现新的信号处理,详见 2.1.2 节。因此,可以实现这些技术的设备平台(数字或模拟)成为当前研究的重点之一。

事实上,用于执行 ES 和 COMINT 任务的典型设备平台是通信电子支援(communication electronic support,CES)和通信情报设备。两个系统在设备架构和用途方面各不相同。

本节将重点介绍这两个系统所需的设备及用途,还将介绍一些常见的信号处理技术,同时回顾发射识别、特征提取和分类等技术。最后,讨论与本书工作相关的频谱监测和测向技术。

2.2.1　通信电子支援

通信电子支援(CES)系统向部队和其他操作员提供即时的发射信息,以便在战场上做出明智的决策[139]。分配给 CES 设备的功能包括搜索、拦截、分类、识别和测向。

如前所述,大频率覆盖及射频频谱的拥塞要求接收机系统能够满足预期频谱完全覆盖的需求。对于 CES 设备,要么通过宽带接收机实现,要么通过多个宽带超外差接收机来实现,其数量与在射频带宽上快速扫描的接收天线数量相吻合[107]。这些频带被称为与超外差接收机信道宽度相对应的瞬时带宽(instantaneous bandwidth,IBW),带宽通常为 40 MHz[139]。这种接收机架构在 CES 设备中最常用[107],建议读者参考文献[1]、文献[8]和文献[139]中所作的工作以进一步研究不同架构。

CES 系统框架见图 2.5,CES 设备通常包括以下子系统(源于文献[8]和文献[107])。

1. 天线阵列，由覆盖 VHF、UHF 和 SHF 不同频段的天线组成。

（1）这些阵列通常形成一个子带圆形阵列（sub-band circular array, UCA）用于测向[156]，尤其是基于相干的方法。有关这些方法的进一步讨论，参考 2.4 节。

（2）这些圆形阵列通常由奇数个垂直杆组成，以减少相位模糊。

（3）一种附加的天线，即 GPS 天线，提供地面部署所需的全球位置信息，同时实现 CES 接收机与 CES 传感器网络中的其他系统同步。

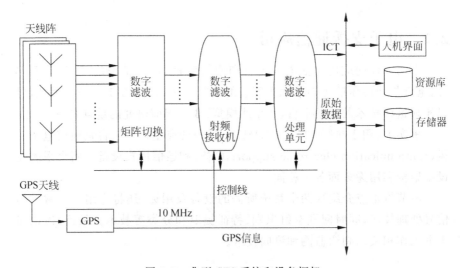

图 2.5　典型 CES 系统和设备框架

2. 天线前端（antenna front-end，AFE）和子带阵列交换矩阵

（1）在将接收到的射频信号传送到射频机收机之前，对其进行预选滤波和低噪声放大。

（2）在圆形阵列信道数目有限的情况下，切换矩阵在不同天线子阵之间进行选择，用于测向。

3. 射频接收机

（1）CES 监控设备利用超外差架构和信道特性对整个频谱进行逐步扫描。瞬时带宽通常为 40 MHz（如前所述）。

（2）扫描速度由调谐时间决定，通常为 10 μs。

（3）调整瞬时带宽调谐速度可用于提高或降低特定目的的频率分辨率，如检测和定位频率跳变的信号，即通常所说的跳频（frequency hopping，FH）信号。

（4）所需的瞬时动态范围（instantaneous dynamic range，IDR）通常为IDR 大于 60 dB，信噪比（signal-to-noise，SNR）为 8～10 dB。

4. 处理单元

（1）来自射频接收机每个通道的中频信号通过 12～14 位 ADC（提供所需的 60 dB IDR）进行转换。然后所有通道数据通过 FPGA 进行处理，FPGA 提供 DSP 功能，从而可以使用滤波器组实现检测和相位测量。

（2）这些信道的处理如图 2.6 所示，为来自圆形阵列的两个信道。处理任务（加窗、快速傅里叶变换（fast Fourier transform，FFT）、检测等）由FPGA 执行如系统块所示，这些块仅仅是处理步骤的系统描述。

（3）应用于数据流的加窗降低了 FFT 检测的频率旁瓣响应。

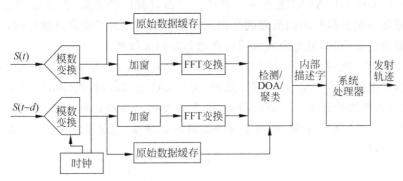

图 2.6 IBW 设备的两个天线信道执行检测和差分相位测量

5. 辅助单元如人机界面（human machine interface，HMI）、计算机、数据库、图书馆和存储器

（1）初步检测后，估计波达方向并进行聚类分析。辅助单元使用这些信息进行分类和特征提取。

（2）分类和特征提取技术将在 2.2.4 节中讨论。

2.2.2 通信情报

通信情报（COMINT）系统用于在较长时间内分析信号，提供足够的处理时间以得到有关信号特性和内容的准确情报[139]。信号情报包括辐射源位置、信号结构和敌方为躲避探测而采用的电子对抗措施（ECCM）的水平。这些特征随后用于编制和支持任务控制计划，并指导生成用于干扰敌方信号的适当波形[40]。在这方面，通信情报对于干扰和保护射频优势至关重要。COMINT 的主要功能如下所示。

（1）信号采集与特征提取。

（2）信号分类。

（3）信号解调。

（4）语音信号解调、解密和监听。

（5）信号记录。

（6）解码、传输标准识别和语音识别。

此外，通信情报设备已扩展到民用频谱监测中，可通过监测频谱的使用情况确定用户是否在法定的特定频段内广播[12]。在指定民用区域进行的任何广播必须遵守监管机构许可协议，该协议规定了特定地理位置内的广播标准。南非独立通信管理局（The Independent Communication Authority of South Africa，ICASA）就是一个例子。然而就测向任务而言，通信情报设备通常不包括执行测向所需的全向天线和子系统。为了提高灵敏度以及提供更高的信噪比，测向全向天线由高增益定向天线替代[1]。

值得一提的是，COMINT 设备的体系结构与 CES 设备具有相似之处，包括相似的天线前端、均匀圆形阵列、射频接收机、双接收机（dual receiver，DRx）通道和处理单元。如前所述，测向天线被高增益定向天线取代，因此省略了 DOA 处理步骤，增加了额外数量的处理器、记录系统（存储设备）和软件工具。

2.2.3 信号处理技术

任何需要对信号进行分类和（或）识别的情报接收系统都高度依赖某种形式的信号处理单元和（或）人机界面（计算机）[68,167]。此外，在电子支援系统中的信号处理技术，尤其是信号变换技术起着关键作用，可采用不同的数字方法对射频信号进行分类、识别和特征提取。

（1）使用 FFT 累积技术实现基于循环平稳信号特性的滤波方法[63]。与循环平稳技术一样，它是一种不涉及特征检测的低层次实现方法，利用 FIR 滤波器执行数字滤波，通常被视为数字接收机系统的一部分。

（2）通过小波变换或在某些系统中通过维纳分布（Wigner-Ville）与正交镜像滤波器（quadrature mirror filter，QMF）方法实现时频分析。信号的时频分析，特别是对电子支援系统中确定信号频率是否跳变至关重要。

（3）使用条带谱相关分析（strip spectral correlation analysis，SSCA）进行信号检测[138]，其中包括使用 FFT 模块进行检测。检测在射频信号处理中无处不在。然而，诸如阈值检测之类的基本检测技术对某些类型的信号是不足够的，因此需要采用更多的概率检测方法如 SSCA 和循环平稳信号处理,以提供更具确定性的参数来改善检测性能[7,138]。

对于离散信号,变换是输入信号从一个表示为实际离散值的域映射到另一个向量空间的过程。这种映射过程是任意变换的基础,信号变换在信号处理中无处不在。本书选择了最常用和最优的变换作为 ES 信号处理模块的一部分。除此之外也存在更多的变换方法,如表 2.1、表 2.2 和图 2.7 所示。[1]

表 2.1 变换表达式及复杂度

变换方法	定　义	快速算法		复杂性
		名称	复杂性	
离散余弦变换(discrete cosine transform,DCT)	$X_k = \sum_{n=0}^{N-1} x_n \cos\left[\dfrac{\pi}{N}(n+1/2)k\right]$	快速余弦变换(fast cosine transform,FCT)	$O(N\log_2(N))$	$O(N)$
离散傅里叶变换(discrete-Fourier transform,DFT)	$X_k = \sum_{n=0}^{N-1} x_n \mathrm{e}^{-\mathrm{j}2\pi kn/N}$	离散傅里叶变换(fast Fourier transform,FFT)	$O(N\log_2(N))$	$O(N)$
离散短时傅里叶变换(discrete short time Fourier transform,DSTFT)	$X(m,\omega) = \sum_{n=-\infty}^{\infty} x[n]\omega[n-m]\mathrm{e}^{-\mathrm{j}\omega n}$	窗口傅里叶变换(windowed Fourier transform,WFFT)	$O(N\log_2(N))$	$O(N)$
沃尔什-阿达玛变换(Walsh Hadamard transform,WHT)	$(H_m)_{k,n} = \dfrac{1}{2^{m/2}}(-1)^{\sum_j k_j n_j}$ 其中,$k = \sum_0^{i<m} k_i 2^i$;$n = \sum_0^{i<m} n_i 2^i$	快速沃尔什-阿达玛变换(fast Walsh Hadamard transform,FWHT)	$O(N\log_2(N))$	$O(N)$

---

① ES 中使用的不同变换参考文献[32]、文献[73]、文献[110],其进展参考文献[165]。

续表

变换方法	定　义	快速算法		复杂性
		名称	复杂性	
小波变换(wavelet transform,WT)	$[W_\phi, f](a, b) = \dfrac{1}{\sqrt{|a|}} \int_{-\infty}^{\infty} \phi\left(\dfrac{x-b}{a}\right) \cdot f(x)\mathrm{d}x$	快速沃什尔变换(fast Walsh transform,FWT)	$O(N) - O(N\log_2(N))$(按尺度)	$O(N)$(按尺度)

表 2.2　不同信号处理变换方法的应用及优缺点

变换	应　用	优　点	缺　点
FCT	• 谱方法 • 有损压缩（如MP3,图像处理)	• 信号的有效表示 • 更小的数据长度 • 多个 DCT 变形（如 I-VII-DCT)	• 单基准表示信号 • 无相位信息
FFT	• 谱方法(如滤波器组） • 解调 • 广泛应用于射频检测、识别和分类	• 幅度和相位信息 • 频率的有效表示	• 假设周期性,导致频谱泄漏 • 无时间信息(频域除外) • 只有两个代表性基准(正弦和余弦)
WFFT	• 非周期信号分析 • 旁瓣降低	• 提供时频信息 • 大幅减少频谱泄漏	• 计算密集型时隙为 M,则复杂性为 $O(MN\log_2(N))$ • 时间和频率变换的同等分辨率
FWHT	• 频率信号处理 • 数字信号检测/估计 • 在信号不稳定时使用	• 与 FFT 相比计算成本更低,只有两个离散状态(2 位)用于加减运算 • 所需比特深度减少	• 减少了真实频率的表示 • 代表性基准导致不同的频率说明
FWT	• 时频信号处理分析 • 信号检测、估计和分类	• 时频变换的分辨率不同 • 大量小波基（Haar、Daubechies、 Coifman、 Symmlet)[37] • 提供具有明显不连续性信号的近似值	• 通常必须知道信号的先验知识 • 计算成本更高

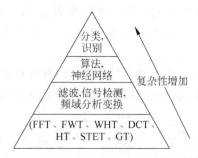

图 2.7　ES 环境下信号处理维持层次结构的方法
即较低层次的信号处理技术加在一起帮助更高、更复杂的层次以完成发射器分类和识别的最终任务

2.2.4　信号分类

前面提到分类技术可用于识别接收信号的特定属性[139]。这些系统分类器将 CES 或 COMINT 系统接收单元的输出参数(测向、频率载波和检测)作为输入,对信号进行分类。信号分类包括以下一项或多项。

(1) 信号类型识别(模拟或数字)。

(2) 模拟调制识别(AM、FM、PM)。

(3) 数字调制识别(FSK、PSK、ASK)。

(4) 多路复用类型识别(FDM、PPM)。

以上分类对于发射器识别至关重要。

在军事通信中,针对通信信号的分类有两种主流观点,它们均基于两种方法:模式识别处理和决策理论方法[107,139]。

1. 模式识别处理,使用人工神经网络算法处理信号特征知识[121]。使用神经网络进行分类处理的两项主要工作包括:

(1) Nandi-Azzouz 分类器[121],被证明能够成功区分 13 种模拟和数字调制类型,即 AM、FM、FSK2-4、ASK2-4、DSB、LSB、VSB、USB、PSK2-4 和组合(振幅和相位)调制。

(2) Assaleh-Farrell-Mammone 分类器[10],用于区分不同数字调制信号(调制类型包括 CW、BPSK、QPSK、BFSK 和 QFSK)。

2. 决策论方法采用可能性或概率来确定信号的调制方式。其中两种基于决策的方法包括:

(1) Sills 分类器[161],可区分 3 种不同类型的 PSK 信号(BPSK、QPSK、PSK-6)和 3 种类型的正交幅度调制(quadrature amplitude modulation,QAM)

信号（2^4 QAM、2^5 QAM、2^6 QAM），该分类器采用一致分类的最大似然（maximum-likelihood ML）算法来实现分类，并使用非相关 ML 算法验证结果。

（2）Kim-Polydoros 分类器[141]是区分调制的有效手段，依赖准对数似然比（quasi-log-likelihood，qLLR）规则进行基本决策（见图 2.8）。

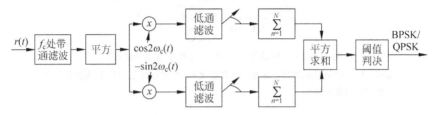

图 2.8　Kim 和 Polydoros 在工作中使用的 qLLR 分类器的功能系统框架

2.2.5　信号特征提取

信号特征提取是信号分类后的关键步骤，提取信号特征并分类可以识别发射源的类型[2]，如图 2.9 所示。特征提取的过程类似于 ES[113]中雷达信号接收机（radar warning receiver，RWR）的辐射源解交织和分类过程。

图 2.9　描述辐射源分类过程所涉及的处理步骤

尽管过程相似，为了解交织并对特征进行分类，其基本区别在于发射信号的描述[156]。在通信场景中，分配给通信信号的发射描述符词（emission descriptor words，EDW）本质上与雷达信号（RWR 系统）的发射描述符词是不同的，因为它们主要是脉冲式的。尽管信号的特征不同，但过程相似。用作聚类分析（解交织）输入的通信信号典型特征包括[139]：

（1）信号分类。

（2）工作频率。

（3）射频带宽。

（4）调制方式。

（5）功率电平。

把分配给特定信号的特征转换为数字后，将其输入基于知识算法的聚类分析过程中，该算法主要是直方图分析方法[88]（见图 2.10）。特征提取的关键部分根据特征参数将 EDW 分类到某个子空间中,从而生成发射器的跟踪文件,然后将该跟踪文件作为输入来识别发射器。2.2.6 节将讨论生成跟踪文件的过程。此外,图 2.10 巧妙地说明了射频信号的处理,以及通过检测、分类和特征提取来识别辐射源的过程,具体内容参阅文献[13]、文献[145]、文献[163]。

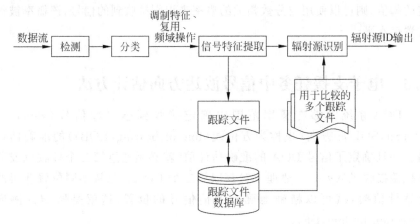

图 2.10　描述识别辐射源所涉及的处理步骤的系统框架

2.2.6　辐射源识别

一旦信号发射器的特征被分类,并按照图 2.10 生成了跟踪文件,接下来的步骤就是根据发射器的历史记录以及包含特定发射器细节参数的数据库来识别最可能的发射器类型[107](见图 2-11)。

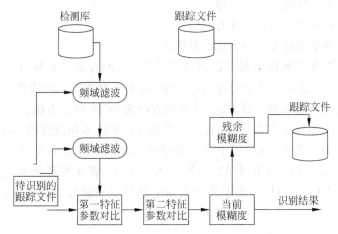

图 2.11　描述发射器识别流程的系统框架[107]

跟踪文件中由信号特征 EDW 定义的每个参数都将与输入的测量值进行比较。如图 2.11 所示,识别发射器的过程根据与数据库中过去发射器的相关性来对特定参数进行评分。考虑采用特定操作频率(frequency operation,FO)调制及功率接收到的发射器信号,根据数据库中每个值与发射器的相关性,为输入信号分配分数[108],然后计算总分,如果总分超过选定的阈值,则可以使用与分数相关的概率来识别接收到的信号,该概率被称为置信水平[109]。

2.3　电子支援任务中信号波达方向估计方法

DOA 系统能够在概率范围内确定接收到感兴趣信号(signal of interest,SOI)的方向(也称为方位线(line of bearing,LOB))的准确估计值。一旦确定了信号 DOA 的准确估计值,就必须通过第二个接收机或移动拦截接收机从另一个地理位置获取第二个 DOA。当从不同位置获得两个估计值时,就可以精确地确定通信信号的位置,这就是所谓的测向(direction finding,DF)。

区分构成 DOA 估计方法的信号处理任务和 DF 的操作任务非常重要。如前文所示,测向是 ES 中的工作目标,它通过来自多个接收机的 DOA 估计来精准找到电磁源的方向。也就是说,DOA 是构成 DF 的一部分。

DOA 系统的主要要求是:

(1)高精度,即分辨率小于 1°。

(2)高灵敏度。

(3)实时数据采集与处理。

(4)最小需求信号持续时间短。

(5)不受磁场失真和极化误差的影响。

方位角和仰角特征都可以用来提供信号 DOA 的三维估计。但是,由于仰角 DOA 通常用在空对地的情景中,而本书对地对地的情景更感兴趣,因此在此不再继续做三维讨论,只考虑方位角 DOA 估计方法。

本节首先回顾了在 ES 中使用的传统 DOA 技术和当前的 DOA 技术,并讨论了为什么在 ES 应用中仅考虑相位干涉测量法,尤其是通信 DOA 估计;然后,本节讨论了用于 ES 系统的现代 DOA 算法及其相关性能,以估计信号的 DOA;最后回顾了公开文献中基于压缩感知的波达方向估计的可扩展性。

2.4 DOA 方法

ES 中使用的两种主要的 DOA 方法是振幅比较法和相位干涉测量法[37]。表 2.3 比较了两种 DOA 测量方法并介绍了与其相关的优点和缺点。

顾名思义,振幅比较方法比较来自多个天线[126]或某些情况下单个旋转天线[107]的测量信号的幅度,以确定信号的 DOA。振幅比较 DOA 方法使用范围广,具有足够的方向分辨率和带宽覆盖范围,但其通常被设计用于脉冲传输。这就是为什么它们主要应用于雷达警告接收机,除了某些使用旋转天线的电子情报(ELINT)设备外[107],几乎不存在在 ES 设备中使用幅度比较 DOA 的情况。因此,本书在这项工作中不会进一步研究振幅比较方法。

表 2.3 DOA 测量方法比较[37]

比较项目	振幅比较法	相位干涉测量法
传感器配置	通常有 360°覆盖的 4~6 个等距天线元件	固定阵列中有两个或更多 RHC 或 LHC 螺旋
测向精度	$\mathrm{DF_{Acc}} \approx \dfrac{\theta_{\mathrm{BW}}^2 \Delta C_{\mathrm{dB}}}{24S}$	$\mathrm{DF_{Acc}} \approx \dfrac{\lambda}{2\pi d \cos\theta} \Delta\theta$
提高测向精度	降低天线带宽; 减少幅度错误跟踪; 增加斜视角度	增加外部天线的间距; 减少相位错误
典型测向精度	3°~10°rms	0.1°~3°rms
敏感性多径/反射	高灵敏度; 几个分贝的跟踪错误会导致较大的测向误差	相对不敏感; 干涉仪用来容忍较大的相位误差
平台限制	定位在无反射区域	无反射区; 阵列; 更喜欢平面天线罩
适用的接收机	频道转换器; 声光压缩性	超外差

注:ΔC_{dB} 表示振幅单脉冲比,单位为 dB;S 表示斜角,单位为(°);θ_{BW} 表示天线波束宽度,单位为(°)。

另外,相位干涉测量法广泛用于 ES 设备[37]。相位干涉测量法依赖多个天线,通常是均匀间隔的阵列。将各个接收天线之间的接收信号相位进行关联,基于相位差提供 DOA 的估计值[176]。由于 ES 中 DOA 方法的使用范围很广,因此 2.4.1 节将对相位干涉测量法进行回顾。

2.4.1　相位干涉测量法

相位干涉测量法被认为是最适合进行通信信号 DOA 估计的技术之一[126]。如果场景需要更高的精度,则在 $0.1°\sim1°$ 的数量级中,此方法可以减小天线间隔距离 $d=\lambda/2$(称为基线宽度),因为 d 对相位误差相对不敏感[139]。而且可以通过增加阵列中外部天线的间距来减少相位错误跟踪。相位干涉测量法相对响应速度快,但与其他方法相比,其需要复杂的射频电路和处理过程。

DOA 相位干涉仪系统由以下组件组成。

(1) 具有各种配置的线性、圆形或格子状的等距天线阵列。

(2) 前端信道化接收机电路,包括混频器和模数转换器(ADC)。

(3) 数字信号处理后端。

该架构的典型配置如图 2.12 所示。

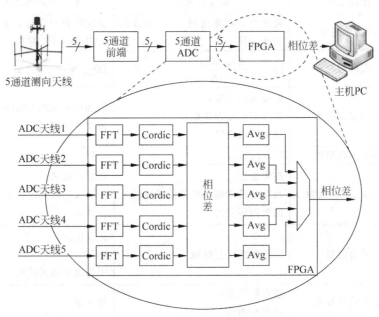

图 2.12　5 通道 DF 天线处理架构[144]

相位干涉仪的工作原理如下:考虑平面波以角度 Φ 入射到线性天线阵列上,如图 2.13 所示;然后基于配置的几何结构,可以将在每个天线处接收到的信号的时间差表示为相位差；最后相位差可以用到达角表示，如式(2.1)所示，按照图2.13中的符号给出：

$$\Phi = \omega \frac{d}{dt} = 2\pi f\left(\frac{\Delta s}{c}\right) = 2\pi (d\sin\theta)/\lambda \qquad (2.1)$$

其中，Φ 为信号相位；ω 为信号的角频率；d 为天线间距；f 为信号频率；s 为天线间隔距离的向量分量；c 为光速，$c = 3 \times 10^8$ m/s；θ 为到达角；λ 为射频信号的波长。

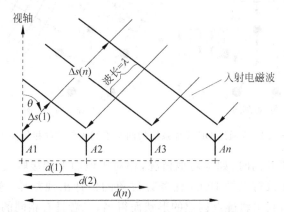

图 2.13 n 长度的线性天线阵列

显示了相位干涉法的二维动力学，使用时间差的相位表示来求解入射 RF 波的角度 θ
（由作者编辑）

估计算法使用在接收机的每个分支处接收到的信号的相位信息来解析 DOA。在回顾估计算法之前，了解在现场部署的相位干涉测量系统的系统注意事项是很重要的。一些系统考虑因素限制了 DOA 估计的准确度，并且对它们的了解为估计算法的选择提供了参考。

使用均匀圆阵列（uniform circular array，UCA）偶极天线的典型相位干涉仪系统如图2.14所示。处理后端如图2.12所示。实现 FPGA 后端处理单元以执行相关的干涉测量。在大多数情况下，这种架构和处理实现被视为现代 ES 设备上 DOA 任务的标准方法[176]。

在现场部署相位干涉测量技术必须考虑几个因素：天线间距、圆锥误差、系统噪声和信噪比。

相位干涉仪系统需要最小的相位模糊度，因为它们会降低视场角估计精度。因此当天线间隔小于 $\lambda/2$ 时，视场角宽度为 $180°$，这取决于 $\theta = 2\arcsin(\pi/2d)$[37]。因此，间隔必须与在感兴趣带宽中的接收信号的最高频率（最小波长）相匹配[149]。对于更高频率情况（UHF/VHF 通信）的天线阵列的限制导致 ES DOA 系统采用多个天线阵列以满足不同的带宽需求，或者通过相关算法解决相位模糊问题，其中后一种解决方案比前一种解决方案的计算成本更高。

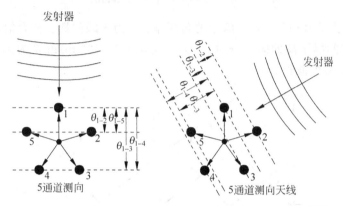

图 2.14　5 通道 DF 天线系统的两个不同入射波的相位差[144]

当辐射源升高时，如空对地情况，相对于地面上的接收机而言，传入信号的升高会导致对二维 DOA 任务方位角的估计出现差异，这被称为圆锥误差函数[37]，其由轨迹点创建的形状而得名，二者具有相同的相位延迟。

当信号在升高的位置入射到接收机阵列上时，锥体误差会增加相位模糊度，在某些情况下，相位模糊度可能会很大。圆锥误差可以通过将理想的二维情况 $\phi = 2\pi d \sin\theta / \lambda$ 与三维情况 $\phi = 2\pi d \sin\theta \cos\varphi / \lambda$（具有方位角 θ 和仰角 φ）等效来计算得出：

$$\theta^* = \arcsin(\sin\theta\cos\varphi) \tag{2.2}$$

当发射器位置在水平线上且仅限于地面对地面应用的情况时，随着高度增加，锥入误差几乎可以忽略[139]。幸运的是，对于实际应用而言，这些影响可以忽略不计。

由灵敏度和热噪声带来的影响有助于推导 DOA 的估计精度。相位 θ_ϕ 的标准偏差相对于噪声的关系为

$$\sigma_\phi = \frac{1}{\sqrt{2\text{SNR}}} \tag{2.3}$$

然后使用干涉技术将其用于确定角度精度的通用表达式：

$$\sigma_\theta = \frac{c\sigma_\phi}{2\pi d_i f \cos\theta} = \frac{c}{2\pi d_i f \cos\theta \sqrt{2\text{SNR}}} \tag{2.4}$$

为了减少错误的 DOA 估计，在阵列 d_i 中的天线元件之间的宽度限制要求系统具有较高的 SNR，以准确地处理和估计 SOI 的 DOA。在某些情

况下,所需的 SNR 可能高达 50 dB,甚至更高,当侦收系统在低灵敏度环境中工作时[8],这是不现实的。

考虑到这么高的信噪比要求,在某些任务中相位干涉仪不能用于 ES 系统。但是,为了解决 SNR 的需求,ES 系统中的相位干涉法利用率基线较宽的圆谐(基长 $d_i = 2^{i-1}d_1$)和非谐波(基线的素数倍数)天线阵,从而降低了 SNR 的需求[37]。

文献中有多种 DOA 估计算法,能够在给定相位干涉数据的情况下执行准确的 DOA 估计。ES 系统已经成功实现了几种估计算法,即相关干涉仪算法(使用最广泛的方法)[15]、多信号分类(multiple signal classification,MUSIC)算法[158]以及通过旋转不变性技术(estimation of signal parameters via rotational invariance techniques,ESPRIT)估计信号参数的方法[153]。

2.4.2　DOA 估计算法

2.4.2.1　相关干涉仪算法[15]

相关干涉算法基于两步过程。首先,分别根据已知的预定方位测量对应于主天线的天线之间的相应相位差(如图 2.14 所示的 θ_1)。然后,基于在已知发射器角度的系统校准期间获取的相位历史值,该方法对 n 信道天线的不同相位测量值和存储的相位历史值进行相关。最后,为接收信号的相位选择最佳的对应相位集,从而得到相关的干涉估计。

与 MUSIC 和 ESPRIT 相比,某些参数对校准历史的依赖性使其更容易受到模糊性和低信噪比以及较低分辨率的影响。

2.4.2.2　MUSIC[158]和根-MUSIC[148]

MUSIC 应用于 DOA 的方法首先在文献[158]中被正式提出,波束形成[159]和最大似然[191]DOA 方法是其发展之前的重要组成部分。该算法基于子空间中所有角度的概率谱搜索方法,使用特征分解方法解决 DOA 估计。搜索技术对计算要求很高,因此对于某些实际应用而言可能非常昂贵。诸如替代根-MUSIC 算法[148]之类的开发已经在降低计算复杂性和提高估计准确性[137]方面取得了成功。

传统的 MUSIC 算法虽然计算量大,但适用于任何天线阵列配置和多个同步 RF 信号。但是对于算法而言,至关重要的是根据空间模型了解天线相对于彼此的位置。此外算法也对位置、增益误差和相位很敏感,因此必须仔细校准。

2.4.2.3 ESPRIT[153]

ESPRIT 是紧随 MUSIC DOA 方法之后用于 DOA 估计的另一种估计算法。该算法基于与 MUSIC 中类似的相关矩阵生成和导引向量方法,主要区别在于,ESPRIT 使用受特征向量噪声子空间约束的非奇异矩阵,可以采用单次执行而不是搜索方法来确定 DOA,有时将其称为"一次性"方法。

基于这一单步过程,该算法的计算量明显低于 MUSIC。但是由于信号模型和矩阵秩的限制,ESPRIT 所需的天线数量是 MUSIC 的两倍,这增加了系统成本。此外,使用最小二乘法代替先前的最小二乘(least square,LS)的 ESPRIT 方法可降低 SNR 较低时的误差。与 MUSIC 相比,ESPRIT 的分辨率降低了。图 2.15 显示了这两种算法在 DOA 估计上的差异。

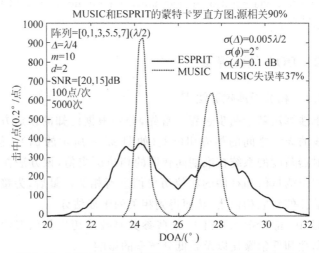

图 2.15　MUSIC 和 ESPRIT 的蒙特卡罗直方图仿真结果

线性阵列,源相关 90%,小阵列孔径($\Delta = \lambda / 4$),取自文献[153]

综上所述,在本书的压缩感知方法中考虑子空间 DOA 估计算法的情况下,与 ESPRIT 相比,MUSIC 天线数量的要求较低,并且 DOA 估计的分辨率更高,因此 MUSIC 是首选的 DOA 估计算法。

2.5　现有的基于压缩的 DOA 方法

在很多方面,用于 DOA 方法的基于压缩感知的技术仍处于起步阶段,这很有趣,因为 CS 理论是基于波束成形和超分辨率技术的开创性工作[62]。

在公开文献中,有几种用于 DOA 估计的 CS 方法,这些 CS 方法在处理链中的各个点上都应用了 CS 算法。但是大多数文献没有将 CS 采样技术用于 DOA 估计,而是仅专注于 CS 恢复技术的应用。这些方法包括以下主要工作。

基于贝叶斯 CS 的 DOA 估计[31]提出了一种利用贝叶斯压缩感知 (Bayesian compressive sensing, BCS)来估计窄带信号的 DOA 的单次和多次方法。BCS 不依赖压缩采样,而是直接根据天线元件输出的奈奎斯特采样电压来确定 DOA 的估计值。结果表明,采用这种方法不需要计算电压输出的协方差矩阵(如 MUSIC[158]和 ESPRIT[153])。此外,在不需要知道入射角数量的情况下,也可以确定稳健而准确的估计值。由于估计误差,幅度估计精度通常会有所降低,但是没有观察到对视轴方向估计值的这种影响(见图 2.16)。

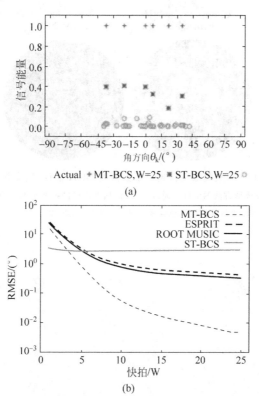

图 2.16 实际 DOA 和使用 BCS 快拍方法估计得到的 DOA(a)与描述了多个快拍数量变化下的多个 DOA 估计方法的 RMSE 误差[31](b)

  基于 CS 的雷达 DOA 估计[55]是研究 CS 在 DOA 估计中应用的另一种尝试,特别是对于雷达而言(见图 2.17)。

  这种方法在理论上是成功的,并且已显示出令人满意的结果,但在计算性能或样本减少时,这种方法的应用价值缺乏系统优势。实际上,它增加了系统的复杂性并需要额外的处理时间。

  综上所述,CS 获取和恢复技术如何开发和应用于 ES 中的 DOA 估计任务并实现资源优化和工程计算的研究在公开文献中很少涉及。这使得本书的工作在当前领域中具有较好的参考价值。

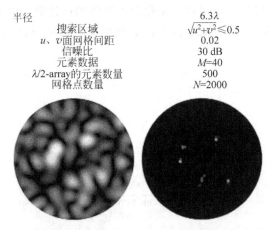

半径	6.3λ
搜索区域	$\sqrt{u^2+v^2}\leq0.5$
u、v 面网格间距	0.02
信噪比	30 dB
元素数据	$M=40$
$\lambda/2$-array的元素数量	500
网格点数量	$N=2000$

图 2.17 5 架模拟飞机越过观察区的 DOA 估计(见文前彩图)

左 DOA 是来自波束成形方法的估计。通过 CS 方法估算正确的振幅分布。真实的目标位置用紫色的"x"标记突出显示,而估算值以绿色强度点显示。源自文献[52]

第3章

压缩感知获取和重构

3.1　引言

科捷利尼科夫(Kotelnikov)、奈奎斯特(Nyquist)、香农(Shannon)和惠特克(Whittaker)在连续时间带限信号采样上所做的理论研究[87,128,160,187]对信号走向数字化具有里程碑式的意义。他们的工作解决了以输入信号采样速率为条件的带限信号持续重构问题,该速率后来又被称为奈奎斯特速率。这一速率从经验上证明了,如果以当前最高频率的两倍进行采样,可以在数字域中准确再现连续的带宽受限信号[128]。

奈奎斯特速率当前仍然是通过模数转换器(analog-to-digital converter,ADC)进行数字采集的惯例,而压缩感知则以完全不同的方式处理采集任务。CS采用随机采样的方式获取信号,而不是将数字采集的频率限制为信号最高频率的两倍。此后对随机采样的信号,利用子空间建模的线性优化算法,对原始信号进行恢复,在一定条件下能够获得比奈奎斯特准则更低的采样率。因此,CS被称为次奈奎斯特获取技术[53]。

本章首先将概述当前文献中有关RF信号重构和获取的CS技术,讨论通过CS技术获取RF通信信号的方法;然后将讨论目前为RF信号采集开发的CS获取方案,并提出最适合DOA估计的方案;最后将回顾在DOA ES任务中减少内存和计算量的新的CS重构算法。

为了正确应用CS理论,CS的数学表述具有广泛且至关重要的意义。因此,笔者请读者阅读9.5节中CS数学公式的理论综述,其中描述了映射到适当子空间中的信号要求以及导致高重建概率的信号标准。

3.2　CS 表述方式

CS 试图通过随机化来解决信号获取、存储和通信过程中的压缩任务，以减少输入数据集[18]。自从 CS 被开创性地提出后[28,44]，已被成功地应用于各个领域，如信号处理[28]、雷达成像[16,69,169]、电信[72,140]、数据压缩[174]、图像处理[101,152]和光学传感器应用[52]中。

CS 理论指出，对于在某些基（如 DFT、DCT、WHT 等）下的稀疏信号，在一定条件下，即满足受限等距特性（restricted isometry property，RIP）的感知矩阵，利用少量的观测数据就可以实现高维度信号的精确恢复[44]（详情参阅 9.5.1 节）。

取一个具有有限长度 N 的输入信号 $F(t)$，在某种稀疏基上用系数 $K \ll N$ 采样后，本书将其表示为向量 $\boldsymbol{X}[n] \in (N,1)$。然后，根据 CS 理论的要求，本书选择一个独立同分布（independent and identically distributed，iid）的高斯采样矩阵 $\boldsymbol{\Phi} \in [M,N]$，将其应用于输入向量 $\boldsymbol{X}[n]$ 时提供一个输出向量 $\boldsymbol{Y} \in (M,1)$。一旦获取了向量 $\boldsymbol{Y}$，即 CS 采样信号，CS 重构算法便可以解决式(3.5)中的情况，允许以高概率恢复原始输入向量，表示为向量 $\hat{s}$。

如图 3.1 所示，CS 获取和重建的相关符号可表示为

$$\boldsymbol{Y} = \boldsymbol{\Phi}\boldsymbol{X} \tag{3.1}$$

基于由 DFT 矩阵构成的基 $\boldsymbol{\Psi}$，给出 $\boldsymbol{X}$ 的傅里叶变换系数，记作 s。随后，感知矩阵（见 9.5.3 节）由 DFT 矩阵和随机采样获取方法组成。写成表达式为

$$\boldsymbol{X} = \boldsymbol{\Psi} \times s \tag{3.2}$$

将式(3.2)代入式(3.1)可得

$$\boldsymbol{Y} = \boldsymbol{\Phi}\boldsymbol{\Psi} \times s \tag{3.3}$$

令 $\boldsymbol{\Phi}\boldsymbol{\Psi} = \boldsymbol{A}$，则

$$\boldsymbol{Y} = \boldsymbol{A} \times s \tag{3.4}$$

重建代表信号的信号系数的典型方法，可利用求解数学优化问题

$$\hat{s} = \mathrm{argmin} \parallel \boldsymbol{v} \parallel_1 \quad \mathrm{s.t.} \quad \boldsymbol{Y} = \boldsymbol{A}\boldsymbol{v} \tag{3.5}$$

其中，$\boldsymbol{v}$ 表示最小化的求解向量，以便通过迭代优化表示最终的估计向量 $\hat{s}$。式(3.5)是一个凸优化问题，可以通过线性规划算法[150]和其他几种算法求解，这将在 3.4 节中进行讨论。

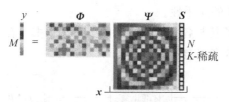

图 3.1 CS 获取和重建的相关符号(见文前彩图)

CS 测量是针对一个向量 X 进行的,该向量在其他正交基 $\boldsymbol{\Psi}$ 中是 K 稀疏的,并通过随机次高斯矩阵 $\boldsymbol{\Phi}$ 进行感知,其中测量值个数 $M \ll N$[18]

3.2.1 可压缩信号和感知矩阵

在一个域中,如果存在一个基或框架($\boldsymbol{\Psi}$),将一个离散信号表示成大部分由零元素组成的系数(α),则称该信号在此域中是稀疏的[53]。如果此条件成立,则可以利用信号的稀疏性来压缩信号以便用于其他应用。如果拥有先验信息,即某个信号在某个域是稀疏的,如在傅里叶域的 RF 信号,我们便可以利用这一基或框架信息采用低维少量的测量值重建高维输入信号。

当信号 x 最多具有 K 个非零值时,用数学术语描述为信号是 K-稀疏的,表示为 $\| x \|_0 \leqslant K$。通常意义上将信号称为 K-稀疏,实际中也包含在某个基或框架 $\boldsymbol{\Psi}$ 下生成的系数是 K-稀疏的情况,即 $x = \boldsymbol{\Psi}\alpha$,其中 $\| \alpha \|_0 \leqslant K$。

本书将要处理的大多数信号在 RF 域中对于所有应用而言很少是完全稀疏的。因此,我们需要一个更好的可压缩定义来描述信号的稀疏性。信号 x 可压缩性的定义表示为,要求利用基或框架 $\boldsymbol{\Psi}$ 得出的排序幅度系数 α,以类似幂律衰减的速率衰减[150]。重要的是,如果该定义适用于 x,则在基 $\boldsymbol{\Psi}$ 中是可压缩的。幂律衰减率可表示为

$$|\alpha_s| \leqslant K \frac{1}{s^q}, \quad s = 1, 2, \cdots, N \tag{3.6}$$

其中,K 是一个任意常数,s 是排序索引,q 是给定的衰减率。

有这样一类可压缩基($\boldsymbol{\Psi}$)被广泛应用,那就是傅里叶变换,其可将时域信号映射到具有幅度和相位系数的频域相关子空间[131]。然而,衰减率并不是保证用 CS 方法成功重建信号的唯一标准。对用于 CS 重建的基而言,还需符合以下条件:

(1)一个正交基。

(2)服从零空间属性(null space property,NSP)。

(3)遵守约束等距特性(restricted isometery property,RIP)。

（4）具有较低的相干性。

图 3.2 说明了基与各自属性之间的关系。本书将在 9.5.3 节详细介绍 CS 的基础理论，读者可自行参考。

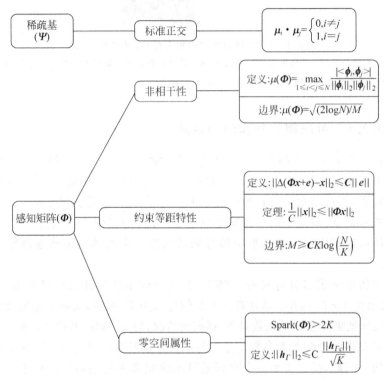

图 3.2　基 $\boldsymbol{\Phi}$ 的条件和 CS 重建的条件要求（如相干性，NSP，RIP）和必须是正交的
相关稀疏基 $\boldsymbol{\Psi}$ 的说明示意图

如果输入向量 $\boldsymbol{X} \in \mathrm{R}^N$，在一个矩阵作用下生成合适的向量 $\boldsymbol{Y} \in \mathrm{R}^M$，且该向量通过 CS 算法可实现输入信号 $\boldsymbol{X}$ 的精确恢复，则此矩阵就是一个合适的基。如上所述，这只有在符合 CS 基的准则的情况下才有可能发生。

现有的变换基，如离散傅里叶变换（DFT）不符合 CS 基的准则，这是本书研究的一个课题，因为 DFT 对于数字处理目标而言至关重要。然而，当一个 DFT 矩阵同一个独立同分布（iid）的高斯矩阵进行运算时，结果矩阵却符合 CS 基的准则。本书会在后面的章节中进一步讨论此结果，但需要注意的是，其他的离散变换，如 DCT、WHT 等，使用一个 iid 高斯矩阵进行相同的运算来实现 CS 基遵从性。

3.2.2 一维信号的实现

为了实现 CS 技术,使用传统的 RF 接收机作为传感系统,对一维输入信号的 CS 进行采集和重建的步骤与成像设备中典型的二维信号完全不同。

对于一维情况,通过亚奈奎斯特率随机采样输入信号来实现 DFT 和 iid 高斯矩阵的矩阵乘法运算,其中采样总数为 $M = O(K\log(N/K))$[35],为了确保 CS 的成功重建,必须采取以下措施。

(1) $M = $ CS 采样所需样本数。

(2) $K = $ 稀疏基(DFT)中表示的稀疏系数的总个数。

(3) $N = $ 输入信号的样本总数。

一旦对输入信号进行随机采样,就是将一个 DFT 矩阵应用于输入信号获得 CS 采样向量,利用此向量实现 M 维向量 Y 到 N 维原始向量 X 的 CS 重建。

为将 CS 用于这项工作以实现压缩采样而提出的系统模块如图 3.3 所示,其中 $y[n]$ 表示 CS 信号,如图 3.4 所示。

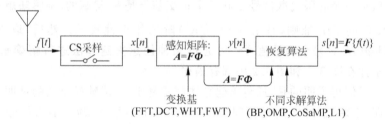

图 3.3 用于压缩采样和重建时域 RF 输入信号的 CS RF 接收机通道的基本框架
由作者汇编

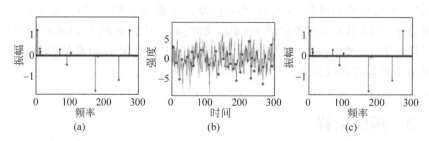

图 3.4 输入时域信号 $f(t)$ 的频率图(a)与图 3.3 对应的输入信号 $f(t)$(蓝色),CS 随机采样信号(红色)(b)和输入信号 $f(t)$ 频谱的 CS 重建输出估计信号(c)(见文前彩图)

图 3.5 作为图 3.3 的补充，表明对输入信号 $x[n]$ 的处理过程可总结为矩阵乘法，其近似误差由 l_p 范数表示，其中 $0 < p < \infty$。

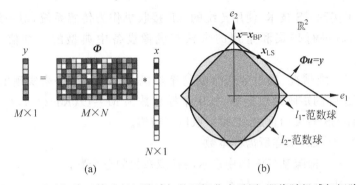

图 3.5 通过矩阵运算进行压缩感知的可视化表示图，即将随机感知矩阵 **Φ** 作用于输入信号 **x**(a) 和利用不同 l_p 所得的两种重建算法最小二乘（l_2）和基追踪（l_1）的近似误差图[78]（b）（见文前彩图）

基于 3.2.1 节的讨论，几个结论性条件适用于一维信号处理的实际实现。假定一个有限离散信号 **x** 在某个正交基上是 K-稀疏的，则感知矩阵满足 $2K$ 阶的 RIP 准则，且 $K = O(\sqrt{K})$ 阶的相干性较低。然后，取 $M = O(K \log(N/K))$ 个测量值[35]，可通过某种任意重建算法进行精确重建。这些条件在图 3.1 和图 3.2 中都有描述。

这里值得说明的是，任意重建算法都是基于 l_1 范数最小化的证明[45]。这表明，求解式（3.7）的优化问题，将得到一个匹配 K-稀疏输入信号的最优解。

$$\hat{x} = \arg\min \| s \|_1 \quad \text{s.t.} \quad y = As \tag{3.7}$$

其中，**A** 是 **ΦΨ** 的乘积；**s** 是 K-稀疏向量。注意，$x = \Psi s$。因此，给定 CS 测量值 **y**，可以用无噪声测量值 $y = \Phi x$（文献[151]中的定理 4.1）或者带噪声的测量值 $y = \Phi x + e$（文献[150]中的定理 4.3 和定理 4.4）来精确重建 **x**，其中噪声为有界或高斯。

3.3 压缩采样

在回顾 CS 恢复技术之前，对于常规 ES RF 接收机通道的调制通信信号的 DOA 估计来说，要确定开放文献中哪一种 CS 采样方法最优是至关重要的。为了确定这种采样技术，本书讨论在现代 RF 接收机中使用的常规采样技术来确定比较的基准，并回顾几种 CS 采样技术，确定能够减少内存和计算需求的最佳算法。

模数转换器（ADC）[①]的发展在很大程度上落后于传统处理内核（CPU）的发展（摩尔定律[155]），采样率不是每年都能翻一番，而是每 2～4 年更新一次[173]。ADC 技术发展较缓慢是开发通过用处理能力换取采样速度以恢复较宽带宽技术的主要动力。其中有多种技术可以利用处理能力和奈奎斯特理论来增加带宽的使用、降低采样率并消除混合和过滤阶段的需求，从而降低系统成本。这些技术包括传统的混合滤波器奈奎斯特采样、带通采样、直接采样和压缩采样。

尽管有多种发展成熟的采样技术，但它们只在低噪声环境（带通）和 ADC 技术限制（直接）的特殊情况下才有效。有关这些采样技术之间的定量比较，如表 3.1 所示。CS 采样方法对本书涉及的应用来说具有明显的优势，因为它们是为 CS 重建算法定制开发的，因此可用于本书中的研究。此外，CS 具有使用低速率 ADC 来恢复具有更高深度的高频稀疏信号的能力，从而提高了动态范围[18]。也许这就是必不可少的亚奈奎斯特技术潜能，可以打破当前 ADC 技术创新速度的壁垒（见图 3.6(b)中的红线）。

表 3.1 适用于接收机系统的多种采样技术比较

特 性	传 统	带 通	直 接	CS
样本数量（内存负载）	M	M	H	L
带宽	L-M	L-M	H	H
频谱中频率的稀疏性	L	L-M	L	H
分辨率	M-H	M-H	M-H	L-M
复杂性	L	M	H	M
计算负载	L	M	H	M
损耗	L	L-M	H	L-M
关键词	H=高	M=中	L=低	

在开放文献中，CS 采样技术可分为两类。第一类是通过在采样之前修改输入信号来压缩，以使用低速率 ADC；第二类用相当于奈奎斯特频率的速率采样，然后应用多种压缩技术。

---

① 为了用数字形式表示模拟信息（电磁 RF），通过模数转换器（ADC）对信号进行采样[185]。这些电子元件存在许多变体，它们都具有相同的采集原理，但使用的技术各不相同。此外，就比特深度和（或）采样率而言，某些方法比其他方法更有优势。存在并被广泛应用的 ADC 类型包括闪存、sigma-delta、逐次逼近、斜坡比较和流水线[183]。当前 ADC 的能力可达转换速率为 3.6 GSPS，位深度为 12 bit。然而，尽管这些 ADC 速度很快，但其价格远远高于 RF 系统的常规使用价格，截至 2013 年，每台 ADC 的价格高于 4000 美元[76]。

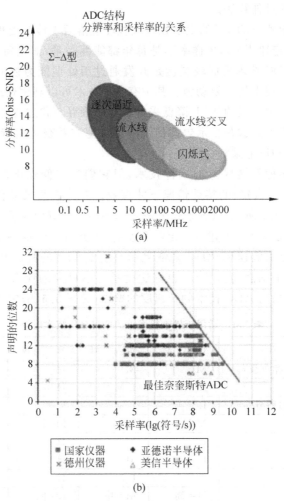

图 3.6　不同 ADC 下采样率与分辨率关系图（a）与不同厂家 ADC 技术的创新
　　　　率[116,133]（b）（见文前彩图）

虽然这两种方法在理论上都是适用的，但出于实际目的，讨论与前一种方法（而非后一种方法）保持一致的技术与本书工作是相关的。毕竟，CS RF 信号采集的目的是在处理之前减少所需的样本数量，进而减少内存和计算量。因此，本书对应用于调制通信信号 DOA 估计的 CS 采样技术的要求是：

（1）带限 CS 采样技术。

（2）可在软件中仿真。

（3）实际执行能力。

（4）能够利用常规的 CS 重建算法。

（5）最小化内存和计算需求。

宽带 CS 采样超出了本书的应用范围，因此对于频谱感知任务的宽带 CS 采样技术，有需要的读者可参考 9.7 节。

3.3.1 随机解调器模拟信息采样器

随机解调器（random demodulator,RD）模拟信息采样器利用宽带伪随机解调器（以奈奎斯特频率为时钟的 ±1 发生器）输入信号 $f(t)$ 混合，用采样保持（S/H）电路作离散低通滤波器，最后用低速率 ADC 对 S/H 电路的输出进行采样，如图 3.7 所示。

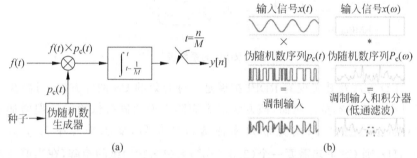

图 3.7　RD 处理过程中不同阶段、不同时间和频率的信号频谱

输入信号与随机噪声有效地混合，使频谱相对于原始频谱有了一定的偏移，通过确定的频谱移动进行滤波，并通过 CS 重建获得原始信号

（a）用于随机解调器模拟信息采样器方法的系统框架；（b）对应于时间和频谱的相应输出

RD 采样器对信号进行随机化，相当于模拟 iid 高斯 RIP 兼容矩阵与信号相乘[85]，因此通过 CS 进行重建是可行的。$f(t)$ 在频率域稀疏的情况下，采样信号 $y[n]$ 就可以通过 CS 重建算法恢复输入信号 $f[n]$。图 3.7 显示了 RD 处理过程中不同阶段、不同时间和频率的信号频谱。

文献[85]中的工作表明了 RD 采样器的可行性，文献[173]进一步证明了它是一种用于有限带宽稀疏信号的有效 CS 采样方法。此外，文献基于 RD 方法，提出了一种实用的模数转换方法原型，称为压缩模数转换器（compressive analog-to-digital converter,CADC）。这些工作使用 160 MHz DSP 板进行实际的压缩采样和恢复，该板的 RF 频率稀疏信号高达 900 kHz，而低速率的 ADC 采样率为 100 kHz。

文献[190]展示了 RD 方法最新的一个实际应用实现，这种方法被称为随机解调器预积分器（random demodulator pre-integrator,RDPI），如图 3.8 所示。通过采用具有子通道相关预积分器设计的 8 通道 RD 结构,证明了高频稀疏信号可重建,使用 90 nm CMOS 芯片设计,有效动态范围为 54 dB,带宽覆盖范围为 2.2 GHz,采样率降为原来的 8%(参见文献[190])。然而,该技术主要用于雷达应用,适应短脉冲传输,而在 ED 带宽上的适用性较低。

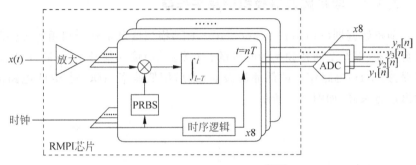

图 3.8　RDPI 的系统模块[190]

RD 方法及其实现的 RDPI 扩展是一种有效的 CS 抽样方法,可减少采集过程中的样本量。然而,该方法对大矩阵求逆的固有依赖给处理增加了计算负担。例如,采用宽带频率稀疏带限信号,要求采样率为 $f_{NQ} = 10$ GHz,则 CS 重建需要一个 $(2.6 \times 10^8) \times (1 \times 10^7)$ 维的矩阵,在当前技术下实时处理这样一个大的存储和计算量需求是不现实的。

输入信号带宽的限制阻碍了 RD 方法作为一种实时技术在宽带和高 RF 频率情况下的使用,但是对于低频操作是可行的。对于单频带限信号的场景,在 ADC 之前可添加一个预混合处理步骤,将输入信号下变频到中间频率(intermediary frequency,IF)。IF 信号的数字化需要更少的内存和计算量,从而使实时 CS 重建成为可能。

3.3.2　非均匀采样器

非均匀采样器(non-uniform sampler,NUS)尝试在 ADC 级对信号进行随机采样,在量化之前,采用创新技术通过 S/H 电路控制数据流。文献[182]中开发了一种开创性的 NUS IC 设备原型,使用商用的非定制组件(commercially off-the shelf components,COTS)通过 14 位 400 MHz ADC 对 800 MHz 至 2 GHz 亚奈奎斯特采样的信号进行量化和恢复。

NUS 依赖随机选择潜在的奈奎斯特率的整数倍进行校正校准,这与文献[91]使用的随机无关奈奎斯特采样技术不同。但是,使用以奈奎斯特频率(4.4 GHz)计时的伪随机比特序列(pseudo-random bit-sequence,PRBS)控制的 S/H 保持电路,可使 NUS 体系结构根据 PRBS 随机选择和保持样本。NUS 采样器的规格是 2 GHz 带宽,100 MHz 的占用频谱,5.8 W 的功耗,以及 8.8 ENOB 和 55 dB SNDR 的采样分辨率[①]。由 S/H 电路"保持"的样本由欠采样 ADC 数字化,并由 ADC 采样速度控制。在每 8192 个奈奎斯特速率采样中仅采取 440 个样本,之后使用块算法在具有 GPU 硬件的台式个人计算机上对样本进行重建和恢复。

在文献[182]中使用的重建算法是比较特别的,因为它需要在恢复原始信号之前应用多次插值、拼接和加窗函数。在某种程度上,这种复杂性会成为实际操作的障碍。然而,文献[182]中的实验数据表明,对于具有频谱支持条件和依赖时钟频率的有效瞬时带宽(effective instantaneous bandwidth,EIBW)条件的高频带限信号,实时实现是可能的(见图 3.9)。

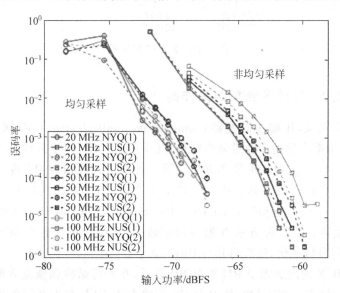

图 3.9 解码后 GSM 信号的误码率与输入功率的关系图(见文前彩图)
圆圈代表两个随机产生的信号(表示为(1)或(2))在 3 个杂波级别(20 MHz、50 MHz 和 100 MHz)上的统一 ADC 性能。方形代表 NUS 在相同信号上的性能。实线和虚线分别表示随机信号(1)和(2)在不同条件下的实验结果[182]

---

① ENOB 表示有效位数,SNDR 表示信噪比+失真比。

实验数据表明,与传统的 4.4 GHz ADC 相比,使用亚采样 NUS 架构时,GSM 输入信号的误码率(bit-error rate,BER)相似,如图 3.9 所示。此外,与 RD 和 RDPI 相比,NUS 技术允许更高的带宽恢复,并且在稀疏信号的重建方面有显著的改进。

文献[91]提出了一种类似方法,遵循与 NUS 采样器相同的逻辑,即随机 ADC(random-ADC,RADC)。此方法使用了通过 PBRS 控制的复用器和解复用器,类似文献[182]。RADC 方法在稀疏图和时频应用中显示出了良好的应用前景。然而对于高频 RF 场景,该系统尚未实现实际应用。图 3.10 显示了 RADC 的实现图。

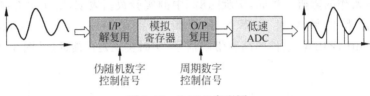

图 3.10　RADC 实现图

3.3.3　压缩多路复路采样器

根据定义,压缩多路复路(compressive multiplexing,CMUX)是在文献[162]中概念化的多通道体系结构,其中单个 ADC 用于采样多个通道的输出。CMUX 采用双重采样方法。第一种方法首先依靠 RF 混频器将每个通道下变频为 IF;其次将一个等效于文献[146]中的伪随机碎片序列(psuedo-random chipping sequence,PRCS)应用于每个具有随机化 IF 信号效果的通道。第二种方法首先采用带通采样方法,根据各个奈奎斯特区域[4]将信号数字化,然后将其与 PRCS 混合。

CMUX 的发展源于 RD 和 RDPI 设计,在平行结构和恢复方面存在显著差异。该重建方法与其他典型 CS 重建方法不同,在于必须使用一种称为联合稀疏[51]的条件,将感知矩阵与 CMUX 中的每个分支相关联,以实现精确的恢复。与其他常见 CS 方法相比,这种并行结构会给重建带来更大的计算负担。

文献[182]提出了一种概念性的实用模型,且他们的其他工作已通过仿真验证适用于低 RF 频信号(10～20 MHz)。虽然在宽带应用中使用此方法是可能的,但尚未实际实现。

3.3.4 CS采样方法综述

对于CS采样方法的实际应用,NUS和RDPI是可扩展到当前DSP架构中的最先进的方案。对于本书中的应用,RDPI的实现优于NUS采样方案,因为不需要过于复杂的软件和采样要求,并且使用的是常规的CS重建方法(详细介绍在后面部分)。有关CS采样方法的比较,如表3.2所示。

表3.2 在带限信号采集中不同CS采样技术比较

特 性	RD	RDPI	NUS	RADC	CMUX
软件复杂度	L	L	H	M	H
传统CS重建	Y	Y	N	Y	N
采样复杂度	L	L-M	H	M	H
计算要求	L-M	M	M	M	H
减少样品	M	H	H	H	H
硬件实施	N	Y	Y	Y	N
关键词	H=高	M=中	L=低		
	Y=是	N=否			

对于仿真目的,RD、RDPI和RADC都是合格的候选方案,因为它们具有相似的计算需求、采样和软件复杂性,并可以使用常规的CS重建技术。CMUX和NUS也是用于仿真的有效CS采样技术。然而,它们的软件复杂性以及对非传统CS重建技术的依赖都不能满足依赖常规CS重建的应用需求。

3.4 CS重构算法

一旦基于CS的采样发生,并产生亚采样信号 y,CS重建算法就有责任生成输入信号 x 的估计值。现有许多成熟的特定CS重构算法,可以归纳为以下三类:凸优化算法,贪婪算法和组合算法①。为了采用CS阵营的重建算法,所有稀疏恢复方法必须优化以下内容:

---

① 组合算法是由理论计算机科学界开发的,使用最小计数、计数中位数或贝叶斯方法。组合算法假设感兴趣的信号起源于概率分布,将传播的信念强加于恢复[20],或者针对数据网络[72]和概率学习应用[79]建模,因此,除了文献[64]中的傅里叶采样外,其他方法与我们工作的相关性很小,我们将其留给读者进一步探讨。

（1）最小测量次数。

（2）对噪声和匹配误差的鲁棒性。

（3）计算速度。

（4）重建性能保证。

CS重构算法使用的类型取决于所考虑的输入信号。例如，在信号稀疏性很高的情况下，最好使用贪婪算法。但是，当信号未知仍稀疏时，首选凸优化算法。在接下来的章节中，通过详细介绍构成每个类别的CS重构算法，本书将讨论稀疏性约束CS算法的原因，并回顾每种算法的优缺点。

回顾当前CS重构算法的目的是为了确定哪种CS算法可用于本书的调制信号CS DOA估计任务。具体来说，本书期望研究可以优化速度、存储和计算需求的CS重建算法，以匹配常规的DOA估计性能。

图3.11提供了一个工作分解结构，揭示了为此工作回顾的相关算法。

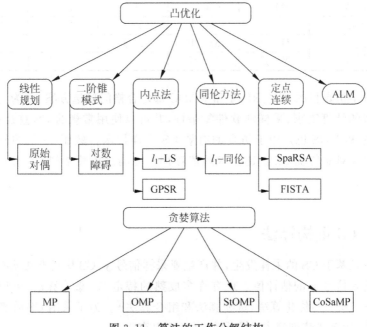

图3.11 算法的工作分解结构

分别按凸优化算法和贪婪算法这两个算法组进行分类

3.4.1 基于凸优化的算法

基于凸优化的算法采用凸问题的定义，其目的是对于未知稀疏向量 x，

在凸子集 $f: x \to \mathbb{R}^N$ 上,最小化凸函数 $f(x)$[23]。因此基于等式(3.7)的保证,最小化输出将导致 K-稀疏的输入向量 x。尽管 CS 方法采用的凸优化算法可以通过线性或迭代方法进行分类求解,但二者都采用相似的设置来解决凸问题。

传统的凸优化技术单独应用于 CS 重构时,不能提供足够的结果[150]。因此本书研究了特定的 CS 稀疏重构算法。

最近发展起来的基于凸优化的 CS 重构算法采用了以下方法:给定测量值 $y = \boldsymbol{\Phi} x$: $\boldsymbol{\Phi} \in \mathbb{R}^{M \times N}$,为了恢复估计值 $\hat{x}$,利用代价函数 $J(x) = \|x\|_1$ 和噪声代价函数① $F(\boldsymbol{\Phi} x, y) = \frac{1}{2} \|\boldsymbol{\Phi} x - y\|_2^2$。基于基追踪去噪算法(basis pursuit de-noising,BODN),可通过求解式(3.8)和式(3.9)来确定 K-稀疏输入向量 x 的充分估计。

无噪声的情况:

$$\min_x \{J(x) : y = \boldsymbol{\Phi} x\} \tag{3.8}$$

噪声情况:

$$\min_x \{J(x) : F(\boldsymbol{\Phi} x, y) \leqslant \varepsilon\} \tag{3.9}$$

在此处如果选择惩罚参数 γ,那么就可以将其解析成为不受统计约束的情况 $\min_x \{\{J(x)\} + \gamma F(\boldsymbol{\Phi} x, y)\}$,其中 $\gamma > 0$[105]。

线性规划(linear programming,LP)用于解决 l_1 最小化问题的无噪声实现,可以使用内积法,其时间复杂度为 $O(N^3)$[150]。虽然可以保证精确恢复,但是对于较大的信号,计算需求指数增长这种方法是不可取的。而且从处理实测信号实际目的出发,该方法不适用于含有噪声的情况。因此,文献中提出了鲁棒性更好的算法来解决含噪声的观测信号问题。这些鲁棒性更好的凸优化算法将在下述各节中详细介绍。

3.4.2 快速 l_1 范数算法

对于考虑噪声 CS 观测信号进行重建的情况,采用基于 BPDN 的不同方法,如式(3.9)所示的形式。更重要的是,文献[30]中的结果将凸优化重组为可用内积法求解的一个二阶锥模式(second order cone program,SOCP)[23]。随后,这一结果有助于快速 l_1 范数算法的发展。

---

① F 代价函数惩罚了向量形式 $\boldsymbol{\Phi} x$ 和 y 之间的欧氏距离差。

3.4.2.1~3.4.2.5 节是开放文献中最相关和被广泛评论的符合凸优化标准的算法。

3.4.2.1 L1 Magic

L1-magic[26]是用于 CS 研究的算法程序包①,包含两个基本求解算法,二者都可以用文献[23]第 11 章中描述的内积法来精确重建含噪声的 CS 测量值。随着更新算法的出现,虽然作为最早的 CS 重构算法之一,其算法相对较慢,但对于 CS 重构来说是稳健和准确的。尽管如此,它们为使用类似技术的其他算法提供了扎实的理论基础,因此本节将提及该算法。

第一种方法是一个基于基追踪和牛顿迭代算法的线性规划原对偶算法。简而言之,这可以用文献[26]中的标准形式 LP 来描述:

$$\min_{z}(c_0, z) \quad \text{s.t.} \quad A_0 z = b \tag{3.10}$$

$$f_i(z) \leqslant 0 \tag{3.11}$$

其中,搜索向量 $z \in \mathbb{R}^N$,$b \in \mathbb{R}^M$,A_0 是 $M \times N$ 的矩阵,有 f_i,$i = 1, 2, \cdots, M$ 为线性函数

$$f_i(z) = \langle c_i, z \rangle + d_i \tag{3.12}$$

对于 $c_i \in \mathbb{R}^N$,$d_i \in \mathbb{R}$。在 LP 的最佳点,存在一个对偶向量 $v^* \in \mathbb{R}^M$,$\lambda^* \in \mathbb{R}^M$,$\lambda^* \geqslant 0$,满足 Karush-Kuhn-Tucker(KKT)条件:

$$(\text{KKT})c_0 + A_0^{\mathrm{T}} c^* + \sum_i \lambda_i^* c_i = 0 \tag{3.13}$$

总而言之,原始对偶算法通过求解上述非线性方程,基于对偶向量 v^* 和 λ^* 找到最优 z^*。可通过如下代码找到此解。

算法 1 原始对偶内积法[23]

要求:x 满足 $f_1(x) < 0, \cdots, f_m(x) < 0$,$\lambda > 0$,$\mu > 1$,$\varepsilon_{f_{\text{eas}}} > 0$,$\varepsilon > 0$

重复

1. 确定 t,$t \leftarrow \mu m / \hat{\eta}$;

2. 计算原始对偶搜索方向 Δy_{pd};

3. 线性搜索和更新。

直到 $\| r_{p_i} \|_2 \leqslant \varepsilon_{f_{\text{eas}}}$,$\| r_{\text{dual}} \|_2 \leqslant \varepsilon_{f_{\text{eas}}}$,且 $\hat{\eta} \leqslant \varepsilon$

根据松弛条件,原始、对偶和中心残差为接近 (z, v, λ) 提供了满足式(3.13)的条件②。

---

① 用 MATLAB 编写的开放源代码,可在文献[27]中查看。

② $\lambda_i f_i = 0$,收敛到 $\lambda_i^k f_i(z^k) = -1/\tau^k$,其中参数 τ^k 根据牛顿迭代而逐渐增加[26]。

$$r_{\text{dual}} = c_0 + A_0^T v + \sum_i \lambda_i c_i \tag{3.14}$$

$$r_{\text{cent}} = -\Lambda f - (1/\tau) \tag{3.15}$$

$$r_{\text{pri}} = A_0 z - b \tag{3.16}$$

其中,Λ 表示对角矩阵,元素 $\Lambda_{ii} = \lambda_i$ 且 $f = [f_1(z) f_2(z) \cdots f_m(z)]^T$。

第二种方法,称为 SOCPs 的 log-barrier 算法,类似地基于文献[23]中的工作,尽管 SOCPs 比 LP 涉及更多,但算法的实现比上述提到的原对偶方法相比较少涉及。但是它仍然以求解牛顿迭代步骤为基础,就像 LP 问题一样。基于文献[26]中的工作,可以写为如下形式:

$$\min z \langle c_0, z \rangle \quad \text{s. t.} \quad A_0 z = b \tag{3.17}$$

$$f_i(z) \leqslant 0, \quad i = 1, 2, \cdots, m \tag{3.18}$$

其中,f_i 表示约束(代价),采用二阶圆锥曲线:

$$f_i(z) = \frac{1}{2}(\| Az \|_2^2 - (\langle c_1, z \rangle + d_i)^2) \tag{3.19}$$

Log-barrier 方法可修改式(3.17)为对数形式,构成一系列线性约束程序,可以表示为

$$\min z \langle c_0, z \rangle + \frac{1}{\tau^k} \sum -\log(-f_i z) \quad \text{s. t.} \quad A_0 z = b \tag{3.20}$$

值得一提的是,在 log-barrier 第 k 次迭代中,通过最小化牛顿法生成的二次逼近序列,该方法开始求解方程组。基于式(3.20)围绕点 z 初始化二次近似,并表示为

$$f_0(z + \Delta z) \approx z + \langle g_z, \Delta z \rangle + \frac{1}{2} \langle H_z \Delta z, \Delta z \rangle := q(z + \Delta z) \tag{3.21}$$

其中,g_z 是梯度,表示为 $g_z = c_0 + \frac{1}{\tau} \sum_i \frac{1}{-f_i(z)} \nabla^2 f_i(z)$,$H_z$ 是 Hessian 矩阵(见文献[26])。

根据上述表达式,log-barrier 算法的伪代码可以作为概述来求解 CS 含噪测量值的 SOCPs。

算法 2 SOCPs 的 log-barrier 法[26]

要求:可行的起点 z^0,公差 η,参数 μ,和初始 $\tau^1(K=1)$

重复

如果 $m/\tau^k < \eta$,那么

$\alpha \leftrightarrow z^k$

否则

$$\tau^{k+1} \leftarrow \mu\tau^k, k \leftarrow k+1$$

直到使用式(3.21)的牛顿方法求解式(3.20),并使用 z^{k-1} 作为初始点返回 $z^k \leftarrow \alpha$

3.4.2.2 l_1 最小二乘(l_1-least squares,L1-LS)正则化算法

L1-LS[84]采用不同的方法来求解 CS 测量值,这也被称为梯度投影法[189],其前身是在文献[59]中建立 L1-LS 的梯度投影稀疏重建法。因此该方法的新颖性源于凸优化问题定义为 l_1 正则化最小二乘(least squares,LS)问题。将绝对值之和替换为 Tikhonov 正则化使用的平方和[65],可得一般形式

$$\min \| \boldsymbol{Ax} - \boldsymbol{y} \|_2^2 + \lambda \| \boldsymbol{x} \|_1 \tag{3.22}$$

其中,λ 是拉格朗日正则化参数。然后基于统计线性回归方法,提出一种类似式(3.20)结果的自定义内部点法,称为截断牛顿内点法(TNIPM)。但是它的性能优势取决于用于初始化的预处理共轭梯度(preconditioned conjugate gradient,PCG)步骤,而在文献[33]中使用 LSQR[132]。因此,TNIPM 根据以下约束将 l_1 正则化 LS 问题转化为要解决的二次凸问题:

$$\min \| \boldsymbol{Ax} - \boldsymbol{y} \|_2^2 + \lambda \sum_{i=1}^n u_i \quad \text{s.t.} \quad u_i \leqslant x_i \leqslant u_i, i=1,2,\cdots,n \tag{3.23}$$

其中,TNIPM 旨在解决自定义的内积点问题,如文献[84]中所述的关于约束(3.23)的 log-barrier 方法。

$$\boldsymbol{\Phi}(x,u) = -\sum_{i=1}^n \log(u_i + x_i) - \sum_{i=1}^n \log(u_i - x_i) \tag{3.24}$$

$$\boldsymbol{\Phi}_t(x,u) = t \| \boldsymbol{Ax} - \boldsymbol{y} \|_2^2 + t \sum_{i=1}^n \lambda u_i + \boldsymbol{\Phi}(x,u) \tag{3.25}$$

文献[84]中的一个重要结果是基于定义一个拉格朗日对偶,该对偶通过构造可行点 v 在任意 x 上设置一个边界,从而产生一个次优 x,使得 $G(v)$ 是式(3.23)最优解的下界。点 v 可表示为

$$v = 2s(\boldsymbol{Ax} - \boldsymbol{y}) \tag{3.26}$$

$$s = \min\{\lambda/[|2((\boldsymbol{A}^\mathrm{T}\boldsymbol{Ax})_i - 2y_i)|]\}, \quad i=1,2,\cdots,m \tag{3.27}$$

利用对偶间隙 $G(v)$,确定 $\boldsymbol{x}$ 的目标值与间隙之间的距离,用 η 表示。

$$\eta = \| \boldsymbol{Ax} - \boldsymbol{y} \|_2^2 + \lambda \| \boldsymbol{x} \|_1 - G(v) \tag{3.28}$$

牛顿解系为

$$H \begin{bmatrix} \Delta x \\ \Delta u \end{bmatrix} = -g \tag{3.29}$$

其中，Hessian 矩阵 $H = \nabla^2 \boldsymbol{\Phi}_t(x,u)$，给定迭代的梯度表示为 $g = \nabla \boldsymbol{\Phi}_t(x,u)$。所有这些都构造 TNIPM 算法3，细节如下所述。

算法3 l_1 正则化 LSPs 的 TNIPM 算法[84]

要求：相对公差 $\varepsilon_{rel} > 0$

初始化：$t := 1/\lambda, x := 0, u := 1$

重复

    1. 计算搜索方向 $(\Delta x, \Delta u)$ 作为牛顿系统的近似解；

    2. 通过跟踪线搜索计算步长 s，如式(3.26)所示；

    3. 通过 $(x,u) := (x,u) + s(\Delta x, \Delta u)$ 更新迭代；

    4. 根据式(3.26)构造对偶可行点 v；

    5. 从式(3.28)估计间隙 η；

    6. 更新 t。

直到 $\eta/G(v) \leqslant \varepsilon_{rel}$

最后，l_1 正则化 LS 算法①被证明是对先前凸优化算法(l_1-magic)的改进，因为在求解 x 最优估计之前可以通过初始化 PCG 步骤来减少恢复时间。这在文献[84]中通过使用多种重建算法研究 MRI 图像恢复问题得到了证明。

3.4.2.3 l_1-同伦算法[9]

l_1-同伦算法(Homotopy)②是最新的算法之一，它在使用 CS 的调频连续波(FMCW)[9] 应用中显示出不错的效果。该方法利用目标函数，如式(3.30)所示，从 l_2 约束到 l_1 函数的同伦变换。换句话说，该方法从初始解开始，然后找到通向最终解的同伦路径。同构路径的进程由同构参数控制，它对应给定路径的两个端点 $\varepsilon \in [0,1)$[9]。

算法4 l_1-同伦算法[9]

要求：$A, y, W, \hat{x}$ 和 u(可选：$A_\Gamma^T A_\Gamma$ 的逆因子或分解因子)

确保：x^*

初始化：$t := 1/\lambda, x := 0, u := 1$

重复

---

① L1-LS 源代码，用 MATLAB 编写，可访问文献[129]查看。

② l_1-同伦算法源代码，可访问文献[129]查看。

在文献[9]中计算 ∂x (28)

计算文献[9]的 p 和 d (27b)

计算文献[9]的 $\delta^* = \min(\delta^+, \delta^-)$ (29)

如果 $\varepsilon + \delta^* > 1$，那么

$\delta^* \leftarrow 1 - \varepsilon$

$x^* \leftarrow + \delta^* \partial x$

中断

结束判断语句

$x^* \leftarrow + \delta^* \partial x$

$\varepsilon \leftarrow \varepsilon + \delta^*$

如果 $\delta^* = \delta^-$ 那么

$\Gamma \leftarrow \Gamma / \gamma^-$

否则

$\Gamma \leftarrow \Gamma \cup \gamma^+$

结束判断语句

直到 $\varepsilon = 1$

给定 CS 观测向量 $y = A\tilde{x} + e$，l_1-同伦算法通过包含同构参数来求解 l_1 范数最小化，并将 l_1 范数最小化重塑为如下优化问题：

$$\min_x \|Wx\|_1 + \frac{1}{2}\|Ax - y\|_2^2 + (1 - \varepsilon)u^{\mathrm{T}}x \qquad (3.30)$$

其中，通过改变 ε 的值从 $0 \sim 1$，则 u 可定义为

$$u = -W\hat{z} - A^{\mathrm{T}}(A\hat{x} - y) \qquad (3.31)$$

其中，W 是对角矩阵，对角线具有正权重 w，并且给定对应矩阵 $A_\Gamma^{\mathrm{T}}A_\Gamma$ 任意选择热启动向量 x。重要的是需认识到，随着 ε 从 0 变为 1，式(3.30)中的优化问题会转换为标准 l_1 范数，因此，此解是遵循分段线性同伦路径朝向式(3.32)的解：

$$\min_x \|Wx\|_1 + \frac{1}{2}\|Ax - y\|_2^2 \qquad (3.32)$$

对于最佳条件，其目标函数的次微分必须设置为 $0^{[9]}$。文献[9]中的结果和上面的同伦优化定义决定了如算法 4 中所示的 l_1-同伦算法。

在时间和迭代操作方面，与其他最先进的 l_1 求解器，即 SpaRSAP[188] 和 YALL1[9,102] 相比，这种方法的计算成本要小得多。大部分计算代价都与 A 的更新矩阵逆运算和更新矩阵分解有关，复杂性成本按顺序分别为 $MS + 2S^2$ 和 $MN + MS + 3S^2 + O(N)^{[9]}$。

3.4.2.4　定点连续方法[70]

属于快速 l_1 算法领域内的另一种方法是定点连续（fixed point continuation,FPC)方法,该方法通过应用收缩方法（一种在小波域应用的降噪方法[150]）从而区别于之前的内点方法。FPC 通过定义一个凸可微函数 H 解决 l_1 最小化问题,并采用一种迭代收缩过程。因此,l_1 最小化问题可采取形式

$$\min_x \mu \parallel x \parallel_1 + H(x) \tag{3.33}$$

其中,第 $(k+1)$ 步 x 的系数表示为

$$x_i^{k+1} = \text{shrink}((x^k - \tau \nabla H(x^k))_i, \mu\tau) \tag{3.34}$$

其中,$\tau > 0$ 是梯度下降的步长;μ 由用户定义[70]。此外,根据残差平方范数指定的典型凸代价函数,得到 $H(x) = \parallel y - \Phi x \parallel_2^2$ 和其对应的梯度 $\nabla H(x) = 2\Phi^T(y - \Phi x)$。基于代价函数的选择,程序运行直到收敛于一个固定点,从而得出稀疏估计向量 $\hat{x}$。下面在算法 5 中给出 FPC 形式的通用算法,并在式(3.34)中使用相应的惩罚参数。

之前的研究表明,相比于其他基于 l_1 最小化的同类恢复技术,FPC 是一个不错的选择。结果表明,基于 FPC 的算法,如 SpaRSA①[188]和快速迭代收缩阈值算法（fast iterative shrinkage-thresholding algorithm, FISTA②)[22],重建所需的计算时间优于 l_1-LS 等算法[98]。此外,就使用 FPC 技术的两种最佳放置算法之间的直接比较而言,对基于傅里叶的信号恢复,FISTA 的性能要比 SpaRSAP 高 4 倍[189]（此问题对本专题很重要)。

算法 5　定点连续算法[70,150]

要求：CS 矩阵 Φ,测量 y,参数序列 μ_n

确保：信号估计 $\hat{x}$

　初始化：$\hat{x}_0 = 0, r = y, k = 0$

　当标准为假时,执行循环

　　1. $k \leftarrow k+1$;

　　2. $x \leftarrow \hat{x} - \tau\Phi^T r$ {执行梯度步骤};

　　3. $\hat{x} \leftarrow$ 收缩 $(x, \mu_k\tau)$ {执行软阈值处理};

　　4. $r \leftarrow y - \Phi\hat{x}$ {更新测量残差}。

　结束循环

---

① SpaRSA 算法软件包可访问文献[129]查看。

② FISTA 算法软件包可访问文献[129]查看。

返回 $\hat{x} \leftarrow \hat{x}$

3.4.2.5 增广拉格朗日方法

增广拉格朗日乘子(augmented Lagrange multiplier,ALM)[①]方法是凸规划算法的一个子类。在每一步计算最优解和拉格朗日乘数的并发估计,而不是采用代价函数来确定最优解,从而对结果进行调整[189]。通过此处理,如下的 l_1 最小化问题被转换成增强的拉格朗日函数:

$$L_\mu(\boldsymbol{x},\boldsymbol{\lambda}) = \| \boldsymbol{x} \|_1 + (\boldsymbol{\lambda},\boldsymbol{b} - \boldsymbol{Ax}) + \frac{\mu}{2} \| \boldsymbol{b} - \boldsymbol{Ax} \|_2^2 \qquad (3.35)$$

其中,$\mu > 0$ 用作惩罚参数,$\boldsymbol{\lambda}$ 作为拉格朗日乘数向量。通过增加惩罚参数 μ,该函数可以写成残差的范数,如文献[23]所示。因此,最优解 $\hat{x}$ 可表示为

$$\hat{\boldsymbol{x}} = \arg \min_x L_\mu(\boldsymbol{x},\hat{\boldsymbol{\lambda}}) \qquad (3.36)$$

为了有效地获得最优解,所选的 $\hat{\boldsymbol{\lambda}}$ 必须非常接近 $\boldsymbol{\lambda}$,否则迭代过程将是消耗巨大的。因此文献[102]讨论并提出一种方法来计算 $\hat{\boldsymbol{\lambda}}$ 和 $\hat{x}$ 的近似估计,用于快速最小化式(3.35)。此过程可表示为

$$\boldsymbol{x}_{k+1} = \arg \min_x L_{\mu_k}(\boldsymbol{x},\boldsymbol{\lambda}_k) \qquad (3.37)$$

$$\boldsymbol{\lambda}_{k+1} = \boldsymbol{\lambda}_k + \mu_k(\boldsymbol{b} - \boldsymbol{Ax}_{k+1}) \quad \text{其中} \boldsymbol{\lambda}_{k+1} \leftarrow \hat{\boldsymbol{\lambda}} \qquad (3.38)$$

需要注意的是,只有上述迭代过程的循环代价比式(3.35)中的最小化任务更低时,此过程才在计算上可行。

文献[102]中描述的 YALL1[②]算法,是将 ALM 方法应用于 CS 重建的开创性工作之一,并显示出此算法优于之前的算法(如 L1-LS)。

3.4.2.6 CS 凸优化算法综述

综上所述,当最小 CS 测量可用时,l_1-同伦算法可为 K-稀疏输入信号提供最佳性能。然而当有更多的 CS 观测值时,FPC 算法,即 FISTA,在计算时间方面提供了比 l_1-同伦算法更好的恢复性能。因此根据所获取的 CS 测量值的数量,两个凸优化算法中的任何一个都可以产生优化的运算时间。文献[22]中所做的工作支持了上面的陈述,且在文中比较了上述几种算法(L1-LS,l_1-同伦,SpaRSAP,FISTA,ALM),基于傅里叶的 CS 测量所需的重建时间,如表 3.3 所示。

---

① ALM 算法软件包可访问文献[129]查看。

② YALL1 算法软件包可访问文献[129]查看。

表 3.3 不同的 l_1 快速算法的平均恢复运行时间对照表

信号损失/%	0	20	40	60	80
L1-LS	19.48	18.44	17.47	16.99	14.37
Homotopy	0.33	2.01	4.99	12.26	20.68
SpaRSA	6.64	10.86	16.45	22.66	23.23
FISTA	8.78	8.77	8.77	8.88	8.66
ALM	18.91	18.85	18.91	12.21	11.21

3.4.3 贪婪算法

贪婪算法通过随机 CS 观测值采用完全不同的方法来解决稀疏恢复问题,采用的是通过求解非凸形式,表示为

$$\min_{\zeta}\left\{|\zeta|: y = \sum_{i \in \zeta} \boldsymbol{\phi}_i x_i\right\} \tag{3.39}$$

其中,ζ 是索引 $i = 1, 2, \cdots, N$ 的子集;$\boldsymbol{\phi}_i$ 是感知矩阵 $\boldsymbol{\Phi}$ 的第 i 列。因此,基于式(3.39)重建技术将稀疏近似应用于实际的信号,这是通过从 $\boldsymbol{\Phi}$ 中贪婪地选择列并迭代形成更好的拟合近似来解决的[150]。

如本章前面所述,在 CS 中使用重建算法就必须满足一定的目标要求,如速度、鲁棒性、性能保证和最少的观测量。与 l_1 最小化算法相比,贪婪算法借助用户定义的稀疏性估计,以性能保证为代价显著提高了重建速度。此处估计输出信号与输入信号的近似精度低于 l_1 最小化算法。但是,贪婪算法对于含噪观测值仍是鲁棒的,并且需要相似数量的测量值。

本书在下面部分中将详细介绍几种贪婪算法的计算要求、约束条件、速度和性能保证;此后将讨论贪婪算法用于 DOA 估计的约束条件,并评估要使用的最佳算法;最后将贪婪算法和凸优化算法进行比较,以用于 CS DOA 估计的应用。

3.4.3.1 匹配追踪

匹配追踪(matching pursuit,MP)算法是在文献[103]中首次提出的稀疏逼近问题的可行解,可以说是(CS 领域)大多数贪婪算法的基础[105]。MP 使用给定的采样矩阵 $\boldsymbol{\Phi} \in \mathbb{R}^{M \times N}$(也称为字典或基)来构造系数索引 λ_k 和残差 $r \in \mathbb{R}^M$,其中 r 是近似测量的迭代部分,λ_k 从基中选择[150]。

该算法从与残差 r 具有高相关性的基中选择一个用 λ_k 索引的向量,此残差表达式与文献[103]中相似,可表示为

$$\lambda_k = \arg\max_{\lambda} \frac{\langle \boldsymbol{r}_k, \boldsymbol{\phi}_\lambda \rangle \boldsymbol{\phi}_\lambda}{\| \boldsymbol{\phi}_\lambda \|^2} \tag{3.40}$$

对于算法的每次迭代,都给出了一下近似更新

$$\boldsymbol{r}_k = \boldsymbol{r}_{k-1} - \frac{\langle \boldsymbol{r}_k, \boldsymbol{\phi}_\lambda \rangle \boldsymbol{\phi}_\lambda}{\| \boldsymbol{\phi}_\lambda \|^2} \tag{3.41}$$

$$\hat{\boldsymbol{x}}_{\lambda_k} = \hat{\boldsymbol{x}}_{\lambda_{k-1}} + \langle \boldsymbol{r}_k, \boldsymbol{\phi}_\lambda \rangle \boldsymbol{\phi}_\lambda \tag{3.42}$$

此更新重复进行直到满足阈值为止,这取决于范数 r 是否足够小于指定量($\| r \|_2 < \epsilon$)。算法 6 将以伪代码提供 MP 算法。有关更多实现的详细信息,请读者参考文献[103]。

算法 6 匹配追踪算法[103,150]

要求:CS 矩阵 $\boldsymbol{\Phi}$,测量 $\boldsymbol{y}$,停止标准 ϵ

确保:信号估计 $\hat{\boldsymbol{x}}$

   初始化:$\hat{\boldsymbol{x}}_0 = 0, \boldsymbol{r} = \boldsymbol{y}, i = 0$

   当标准为假时,执行循环

   1. $i \leftarrow i + 1$;

   2. $\boldsymbol{x} \leftarrow \hat{\boldsymbol{x}} - \boldsymbol{\Phi}^T \boldsymbol{r}$ {形成残差型号估计};

   3. $\hat{\boldsymbol{x}}_i \leftarrow \hat{\boldsymbol{x}}_i - 1 + T(1)$ {更新最大幅值系数};

   4. $\boldsymbol{r} \leftarrow \boldsymbol{r} - \boldsymbol{\Phi}\hat{\boldsymbol{x}}_i$ {更新测量残差};

   结束循环

   返回 $\hat{\boldsymbol{x}} \leftarrow \hat{\boldsymbol{x}}$

基于文献[105]的结论,MP 算法无法为估计的重建误差提供任何保证,并且对迭代的要求可能会使计算量变得很大。MP 算法的复杂度用 $O(MNT)$ 表示,其中 T 表示迭代次数。尽管如此,在信号稀疏度很高的情况下,MP 算法确实提供了较好的恢复时间,并可为信号 $\boldsymbol{x}$ 提供精确的近似。

3.4.3.2 OMP

正交匹配追踪(orthogonal matching pursuit,OMP)[135]是对 MP 算法的改进,由于迭代 T 的计算线性关系,在特殊情况下有可能增长得过大。在文献[135]所做工作的基础上,使用 CS 测量和稀疏重建的实现证明发表在文献[171]中。

OMP 方法的创新点在于,在每次迭代中去除残余部分,从而修改残差 $\boldsymbol{r}$ 形成一个改进的形式[171]。根据感知矩阵 $\boldsymbol{\Phi}$ 的广度,通过将 $\boldsymbol{r}$ 投影到正交子空间上完成残差更新。该过程可以根据以下操作来表示(基于文献[135]):

$$x_k = \arg \min_x \| y - \boldsymbol{\Phi}_\Omega x \|_2 \qquad (3.43)$$

$$\hat{\beta}_t = \boldsymbol{\Phi}_\Omega x_t \qquad (3.44)$$

$$r_t = y - \hat{\beta}_t \qquad (3.45)$$

重复步骤 r，直到过程收敛。伪代码步骤如算法 7 所示。

正如文献[171]中表明，基于该方法的稀疏重建，其收敛计算复杂度为 $O(MNK)$。因此，可以证明 OMP 算法比 MP 计算速度更快且与迭代无关。但是，恢复精度要低于大多数凸优化算法，并且对于噪声的鲁棒性也不明显。此外，添加噪声的强弱也会影响重建的清晰度。但是如果稀疏度 K 很小，则可以确保鲁棒性。

3.4.3.3 CoSaMP

基于 CS 重建（OMP、MP 等）匹配追踪算法的自适应是构建压缩采样匹配追踪（compressive sampling matching pursuit，CoSaMP）的关键基础，特别是基于正则化 OMP 的先验工作[124]。需要指出的是，CoSaMP 方法基于一个假设，即每个子集 K 列的感知矩阵 $\boldsymbol{\Phi}$ 的 RIP 大致是正交的[150]。该假设导致强收敛性，并具有从感知基中增加和删除选择不需要的索引的优点。有关实现的更多细节请参见算法 8，用伪代码表示。目前 CoSaMP 可能是利用 CS 观测值进行稀疏信号重建最快的贪婪算法之一[150]。结果证明，在特定的稀疏条件下，时间复杂度为 $O(MN)$，且与输入信号的稀疏度无关。然而，信号对稀疏性或至少是稀疏的高概率的先验知识是需要的，表示为 K。否则，收敛和恢复保证就越来越模糊。

算法 7 正交匹配追踪算法[135,171]

要求：CS 矩阵 $\boldsymbol{\Phi}$，测量 y，理想信号的稀疏度 m

确保：$\mathbb{R}^d$ 中的信号估计 $\hat{s}$，一个集合 $\boldsymbol{\Lambda}_m \in \mathbb{R}^{m \times d}$，残差 $r_m = v - a_m$

初始化：$r_0 = v$，$\boldsymbol{\Lambda} = \varnothing$，$t = 1$

重复

1. 找到索引 λ_k 解决 $\lambda_k \leftarrow \arg \max\limits_{j=1,2,\cdots,d} \left| \langle r_{t-1}, \boldsymbol{\phi}_i \rangle \right|$，如果出现最大值，中断；

2. 增强索引集合所选原子的矩阵：
$$\boldsymbol{\Lambda}_t = \boldsymbol{\Lambda}_{t-1} \bigcup \{\lambda_t\}$$
$$\boldsymbol{\Phi}_t = [\boldsymbol{\Phi}_{t-1}, \boldsymbol{\phi}_j]$$

3. 解决最小二乘法问题获得新的信号估计 $x_t \leftarrow \arg \min\limits_x \| v - \boldsymbol{\Phi}_t x \|_2$

4. $a_t \leftarrow \Phi_t x_t, r \leftarrow v - a_t$ {更新测量残差}

5. $t \leftarrow t + 1$

直到 $t \geqslant m$

返回 $\hat{s} \leftarrow x_t^j$

算法 8　压缩采样匹配追踪算法[123]

要求：CS 矩阵 Φ，测量 u，理想信号的稀疏度 s

确保：目标信号的信号估计 $\hat{a}$

初始化：$a_0 \leftarrow 0$ {初始近似} $v \leftarrow u$ {当前样本＝输入样本} $k \leftarrow 0$

重复

1. $k \leftarrow k + 1$;

2. $y \leftarrow \Phi^T v$ {形式信号代理};

3. $\Omega \leftarrow \sup p(y_{2s})$ {识别大成分};

4. $T \leftarrow \Omega \bigcup \sup p(a_k - 1)$ {合并支撑};

5. $b \mid T \leftarrow \Omega_T^+ u$ {信号估计的最小二乘};

6. $b \mid T^c \leftarrow 0$;

7. $a_k \leftarrow b_s$ {减少获得下一个近似值};

8. $v \leftarrow u - \Phi_{a_k}$ {更新当前样本}。

直到暂停条件为真

返回 $\hat{s} \leftarrow x_t^j$

3.4.4　CS 重构算法综述

考虑了用于一维信号恢复的两种 CS 算法之后，对于理想情况，即在信号获取之前能够精确近似稀疏度，贪婪算法在重建时间和计算负载方面执行了凸优化算法。

如果存在这样一种情况，即对于期望的感知基，信号的稀疏度已知，则 CoSaMP 将优于其他的贪婪算法，因为它保证精确恢复时需要最低的复杂度 $O(MN)$。

如果稀疏输入信号的稀疏性未知，则凸优化能够为精确重建提供充分的保证，而贪婪算法不能。因此，对于输入信号稀疏性未知的情况，首选凸优化算法，即 FISTA 和 l_1-homotopy（参考 3.4.2.6 节）。值得一提的是，凸优化算法对存储、计算和时间复杂度的要求高于贪婪算法，因此，凸优化算法的实时应用最好离线处理。

第二部分
压缩感知在电子支援领域的应用仿真

第4章

基于CS的移位键控信号DOA估计

4.1　综述

如前几章所述,鉴于 CS 在数据采集及恢复方面的优势,在 DOA 估计中使用 CS 技术,从采样到恢复,仍然需要研究。为了与传统的 DOA 估计性能相适应,在应用 CS 技术时需要考虑几个问题。这些问题包括相位恢复、传感矩阵及恢复算法的选择。下面讨论这些问题。

（1）相位恢复

从射频信号处理的角度,相位恢复似乎是容易的,因为可以简单地从输入时域信号的 DFT 计算其实、虚部的反正切,其可表示为

$$\angle X_k = \arctan\left\{\frac{\mathrm{Im}X_k}{\mathrm{Re}X_k}\right\}$$

其中, $X_k = \sum_{n=0}^{N-1} x_n \mathrm{e}^{-2\pi\mathrm{j}(kn/N)}$ 为 x_n 的 DFT。这导致在考虑多频带信号时,除了稀疏性强的输入性信号外,相位谱通常是非稀疏的(见图 4.1)。然而,在 CS 相位恢复的大多数情况下,幅度和相位之间的相关性仍然是需要考虑的[①]。换言之,除非信号的频率稀疏性 $k=1$,否则很难确定相位系数与频率幅值的对应关系。虽然 CS 对于 DFT 稀疏的信号的恢复是得到认可的,

---

① 注释:据我们所知,依据公开文献,除去利用给定信号的幅度谱,有选择地使用 CS 方法作为相位反演的一部分外,利用 CS 进行相位恢复的研究成果很少[57]。相位反演,传统上在图像处理尤其是光学和 X 射线晶体学中有着长远的应用[130]。无论 CS 作为相位反演的一种可行性方法成功与否[57,104,120,130],亦或其与 CS 仅使用幅度谱数据进行相位恢复有着相似性,在稀疏性前提下,CS 相位反演问题是非平凡问题。根据现有文献,利用 CS 技术进行相位恢复是一个公开问题。

但是由于信号相位的非稀疏性,大部分 CS 恢复的相位谱估计很差或存在相位模糊(见图 4.1)。因此,有必要考虑一种完全不同的方法,通过考虑信号的内在结构实现 CS 相位恢复,原因在于 DOA 估计技术需要输入信号的准确相位信息。

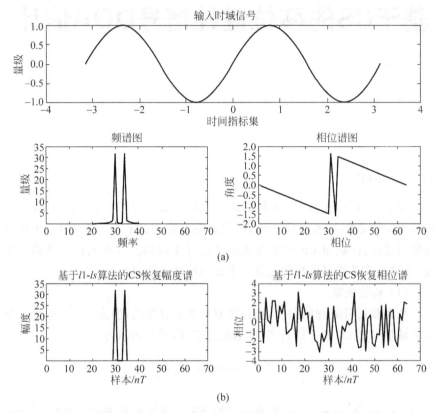

图 4.1　一个由通常方法确定的稀疏度 $K=1$ 的简单信号幅度谱和相位谱(a)与显示了基于 $l1$-ls 算法的 CS 恢复幅度谱和相位谱(b)
注意到相位谱并未稀疏,此种情形下其 CS 恢复是相位模糊的

(2) 传感矩阵

对于传统的射频通信信号处理,输入信号将通过 DFT 变换到傅里叶域进行后续处理。CS 采用相同的技术,在恢复过程中对射频信号使用类似的 DFT 传感矩阵。然而,为了匹配高维度输入信号的处理性能,需要一个用于恢复的大型 DFT 传感矩阵,这在计算上是耗时的,因此无法实现类似的性能(见 3.4 节)。进而须找到或构建一种可行的 CS 传感矩阵或方法来匹配传统的处理性能。

（3）恢复算法的使用

如 3.4.4 节所述，CS 恢复中唯一可行的与传统 DFT 处理时间复杂度相当的算法是贪婪算法。然而，贪婪算法需要信号在某种基（感知矩阵）下具有稀疏性，以保证无二义性恢复，这限制了该算法在通信信号 DOA 估计中的应用，而通过将 DOA 估计限制在窄带信号场景中，并使用传感基使输入信号具有高度稀疏性，即 $K=1$，则可达到通信信号稀疏性的先验约束要求。

为了解决上述 3 个问题，本书提出了使用生成移位键控调制矩阵（用于幅度 ASK、频率 FSK 和相位 PSK）作为传感矩阵，而不是类似射频通信中 CS 恢复技术所使用的传统 DFT 传感矩阵。

本书通过使用由有限长度输入向量的数字调制线性组合组成的传感矩阵，得到了符合 CS 传感矩阵标准的正交基（见 3.2.1 节）；已知输入信号的稀疏性可使用贪婪算法，当稀疏性为 $K=1$ 时，相位恢复无二义性。

移位键控调制是大多数数字调制通信信号的基础，若此方法成功的话，它将有可能被扩展到更复杂的数字调制信号应用中。因此，在仿真中，本书只考虑二进制数字调制信号的情况。高阶数字调制信号超出了本工作的仿真范围。

总的来说，本书的目标如前所述包括：

（1）产生移位键控调制信号的精确相位恢复估计用于 DOA 估计。

（2）频率特定、窄带数字调制通信信号，用于产生高稀疏性的输入向量进行 CS 恢复。

（3）利用贪婪算法进行 CS 优化恢复，以达到与传统处理时间相当的算法复杂度。

（4）减少 DOA 估计的存储和计算要求，同时保持与传统 DOA 估计技术处理性能相当。

在接下来的章节中，本书将首先详细介绍移位键控调制特定 CS 传感矩阵的构造；其次介绍在基于 CS 的 DOA 估计中所需的系统参数；最后论述使用一个改变传统 DOA 获取和处理架构的仿真实现。

4.1.1 移位键控 CS 传感矩阵的构造

为仿真一个离散形式的二阶键控信号，将一个有限长度的输入比特序列利用特定的移位键控进行调制——无论是频率、振幅还是相位，可产生一个离散的输出向量。若该过程重复生成所有 m 个二进制比特流 a_n 的线性组合，则可产生一个特定调制矩阵。

目标是生成一个方子矩阵,用以代替通常 CS 恢复的 DFT 矩阵(见 9.5.3 节)。因此本书对移位键控调制子集矩阵采用相同的 CS 标准,以确保 CS 恢复和相位恢复性能。下面给出这些标准。

(1) 矩阵必须是方阵——$M \times M$。

(2) 由复正弦组成。

(3) 子阵正交。

本书将该矩阵记为 $\boldsymbol{\psi}_{2-\text{ary}}[m, n]$,且 $m = n$,其中 $\boldsymbol{\psi}_{2-\text{ary}}[m, n]$ 通过式(4.2)、式(4.5)及式(4.9)的复数形式计算每个连续行产生,对于所有 $0 \to 2^{N_b} - 1$ 种二进制组合,该矩阵的每一行对应一种特定的二进制序列。换言之,$\boldsymbol{\psi}_{2-\text{ary}}$ 可定义为采样自复正弦的线性无关正交子集,具体由移位键控调制种类(2ASK,2FSK,2PSK)和 n_b 种二进制组合数决定。因此对于每个移位键控类型,本书有以下向量和传感矩阵形式。

(1) 2-幅移键控(2-amplitude-shift keying,2ASK)

2ASK 的离散向量通常是在载频为 f_c 的正弦波上取两个不同幅值。在现实中幅值表示为边界取值为 β 的电压 v,其中每个电压值可表示为

$$v_j = \frac{\beta}{L-1} j - \beta, \quad j = 0, 1, \cdots, L-1 \tag{4.1}$$

对于本书所考虑的情形,步幅限定为 2。对于离散情况,用表达式(4.2)来生成一个 2ASK 信号:

$$S_{\text{ask}}[n] = (1 + v_i[n]) \left(\frac{A}{2} \cos\left(\frac{2\pi k_c}{N} n \right) \right) \tag{4.2}$$

其中,$S_{\text{ask}}[n]$ 为幅移键控输出信号;$v_i[n]$ 为幅值,取决于输入二进制序列 $a[n]$,且取值范围为 $(-1; 1)$;$\frac{A}{2}$ 为正弦载波幅值;$\frac{2\pi k_c}{N}$ 为载波角频率;k_c 为 $f_c N$。

给定一个长度为 N_b 的输入比特流 $a[i]$,其中 i 表示采样时刻 T_b 所对应的比特,要生成一个 ASK 信号,可以用输入比特流的采样率来表示输出。换言之,本书希望对于给定的每个数字信号 2ASK 的样本点,相应获得比特流 $a[i]$,这也称为过采样[131]。此时重采样比特流的离散形式为

$$a[n] = a[i/L] = a(iT_b/L), \quad i = 0, L, 2L, \cdots \tag{4.3}$$

其中,$L = N/N_b$,记为 T_b,表示降低采样周期的 2ASK 输出信号每比特的采样数。因此,每比特的采样数被限制为比特流长度的整数倍,表示为 $L = \frac{2^{N_b}}{N_n}$(参见图 4.2)。

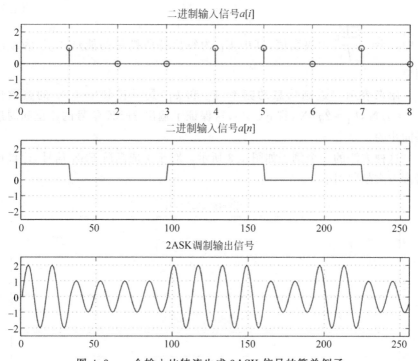

图 4.2 一个输入比特流生成 2ASK 信号的简单例子

输入比特流 $a[i]$ 长度 N_b 为 10,输出 $S_{ASK}[n]$ 长度为 2^{N_b}

给定有限长的比特序列,对于 2ASK 调制信号的所有线性组合,式(4.2)的矩阵展开生成了传感矩阵,这里将其记为 $\boldsymbol{\psi}_{2-ASK}[m,n]$。

输入一个二元选择矩阵 $\boldsymbol{A}[m,n]$,且 $m=n$,$\boldsymbol{A}$ 的行由取值范围为 $(2^0)_{base2}-(2^{(N_b-1)})_{base2}$ 的比特流 $a[i]$ 构成,本书可将 2ASK 子矩阵表示为如下:

$$\boldsymbol{\Psi}_{2ASK}[m,n]=(1+\boldsymbol{A}[m,n])(\beta e^{-j(2\pi k_c n/N)}) \tag{4.4}$$

其中,$\{0 \leqslant m \leqslant 2^{N_b} m \in K; 0 \leqslant n \leqslant 2^{N_b} n \in K\}$;$\beta$ 为载频的幅值;$K_c = f_c N$,其中 f_c 为载波频率。

(2)频移键控(2-frequency shift keying,2FSK)

2FSK 的离散向量表示包括离散正弦频点传输二进制信息(比特流),其可以表示为

$$S_{FSK}[n]=\boldsymbol{A}\cos[2\pi(k_c+k_0)n/N],0 \leqslant n \leqslant N-1 \quad \text{关于 1} \tag{4.5}$$

$$S_{FSK}[n]=-\boldsymbol{A}\cos[2\pi(k_c+k_1)n/N],0 \leqslant n \leqslant N-1 \quad \text{关于 0} \tag{4.6}$$

$$k_c = f_c N \tag{4.7}$$

其中, $A = \sqrt{\dfrac{2E_b}{T_b}}$ 为幅度值,其中 E_b 为每比特所携带的能量[①], f_c 为载波频率。

用来表示二进制信息的频率(k_0 和 k_1)是采样频率 $1/N$ 的整数倍($k_0 = q/N$, $k_1 = 2q/N$,且 $q \in Z$),这保证了输出 2FSK 信号的相位和周期是同步的。

这种方法的一个例子如图 4.3 所示。对于生成高阶 FSK 信号,建议读者参考文献[131]。

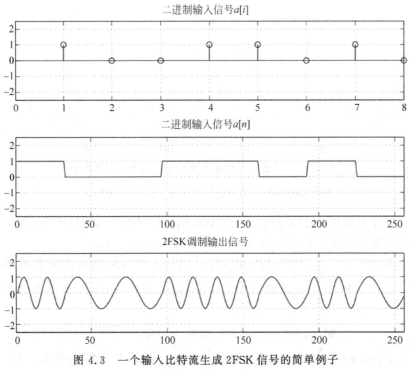

图 4.3 一个输入比特流生成 2FSK 信号的简单例子

输入比特流 $a[i]$ 长度 N_b 为 10,输出 $S_{FSK}[n]$ 长度为 2^{N_b},由作者仿真

给定有限长的比特序列,对于 2FSK 调制信号的所有线性组合,式(4.5)的矩阵展开生成了传感矩阵,这里将其记为 $\boldsymbol{\psi}_{2-FSK}[m,n]$。

---

① 必须注意的是,在 ED 应用中,信号振幅的相关性较小,因为最终进行 CS 恢复的节点矩阵将被归一化。振幅与误码率相对具有更强的特殊相关性。

对于矩阵 $\boldsymbol{\psi}_{2-\mathrm{FSK}}[m,n]$，本书假设同样的二元选择矩阵生成如下表示的 2FSK 子矩阵：

$$\boldsymbol{\Psi}_{2\mathrm{FSK}}[m,n]=[2-(\boldsymbol{A}[m,n]-1)](\beta e^{-\mathrm{j}[2\pi(k_c+k_0)n/N]})+$$
$$[(\boldsymbol{A}[m,n]+1)-1](\beta e^{-\mathrm{j}[2\pi(k_c+k_1)n/N]}) \qquad (4.8)$$

其中，$\{0{\leqslant}m{\leqslant}2^{N_b}m\in K;\ 0{\leqslant}n{\leqslant}2^{N_b}n\in K\}$；$\beta$ 为载频的幅值；$k_c=f_cN$，其中 f_c 为载波频率。

（3）2-相移键控（2-phase shift keying，2PSK）

2PSK 的离散向量表示包含利用 0 和 pi 两种相位状态[①]传输二进制信息，其可有如下表示：

$$S_{2\mathrm{PSK}}[n]=\boldsymbol{A}\cos\left(\frac{2\pi k_c n}{N}+q\pi\right),\quad q=0,1 \qquad (4.9)$$

$$k_c=f_cN \qquad (4.10)$$

其中，q 对应长度为 N_b 的比特流 $a[n]$。将载波频率记为 $f_c=\dfrac{m}{T},m\in\mathbf{Z}$，其为采样周期的整数倍。这保证了输出信号是同步的，且避免了 $0\sim\pi$ 外的相位不连续性。

这种方法的一个例子如图 4.4 所示。对于生成高阶 PSK 信号，建议读者参考文献[131]。

给定有限长的比特序列，对于 2FSK 调制信号的所有线性组合，式(4.9)的矩阵展开生成了传感矩阵，这里将其记为 $\boldsymbol{\phi}_{2-\mathrm{PSK}}[m,n]$。

输入一个二元选择矩阵 $\boldsymbol{A}[m,n]$，且 $m=n$，$\boldsymbol{A}$ 的行由取值范围为 $(2^0)_{\mathrm{base2}}-(2^{(N_b-1)})_{\mathrm{base2}}$ 的比特流 $a[i]$ 构成，本书可将 2PSK 子矩阵表示为如下形式：

$$\boldsymbol{\Psi}_{2\mathrm{PSK}}[m,n]=[2-(\boldsymbol{A}[m,n]+1)](\beta e^{-\mathrm{j}(2\pi k_c n/N)})+$$
$$[(\boldsymbol{A}[m,n]+1)-1](\beta e^{-\mathrm{j}[2\pi(k_c+k_1)n/N(\pi)]}) \qquad (4.11)$$

其中，$\{0{\leqslant}m{\leqslant}2^{N_b}m\in K,0{\leqslant}n{\leqslant}2^{N_b}n\in K\}$；$\beta$ 为载频的幅值；$k_c=f_cN$，其中 f_c 为载波频率。

CS 恢复的条件——如 3.2.2 节所述——要求传感矩阵具有正交性，可以注意到矩阵 $\boldsymbol{\psi}_{\mathrm{ASK}}$ 并不满足 CS 恢复的条件，具体地，$\boldsymbol{\phi}_{\mathrm{ASK}}$ 的列并不互相线性无关，进而构成了非正交基。因此，对于 2ASK 调制，在本工作中无法

---

① 相位调制可选−pi/2 和 pi/2，选择的相位状态可互换。

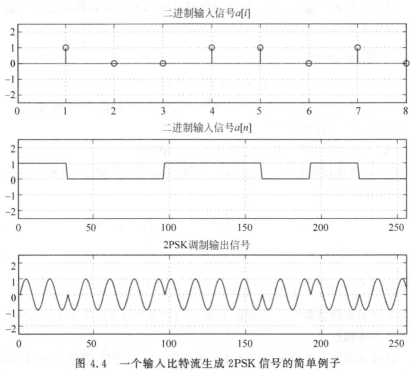

图 4.4   一个输入比特流生成 2PSK 信号的简单例子

输入比特流 $a[i]$ 长度 N_{b} 为 10,输出 $S_{\mathrm{PSK}}[n]$ 长度为 $2^{N_{\mathrm{b}}}$,由作者仿真

进一步进行 CS-DOA 估计,然而,$\boldsymbol{\psi}_{\mathrm{FSK}}$ 和 $\boldsymbol{\psi}_{\mathrm{PSK}}$ 满足 CS 恢复条件,可以进行 DOA 仿真估计。

4.1.2   CS 恢复方法

通常情形下,采用 CS 采样和恢复所用符号,对给定键控调制输入信号,其可以表示为被采样的 CS 信号:

$$\boldsymbol{Y} = \boldsymbol{\Phi} \boldsymbol{X} \tag{4.12}$$

其中,$\boldsymbol{\Phi}$ 为随机采样矩阵,其形式记号如 3.3 节采样方法中所述。进一步地,本书可将键控输入向量 $\boldsymbol{X}$ 在 $\boldsymbol{\psi}_{2\mathrm{ary}}$ 下展开,输出稀疏度 $K=1$ 的展开系数,记为 s,其对应于 $\boldsymbol{\psi}_{2\mathrm{ary}}$ 中某一二元向量列,可表示为

$$\boldsymbol{X} = \boldsymbol{\psi}_{2\mathrm{ary}} \times s \tag{4.13}$$

$$\boldsymbol{Y} = \boldsymbol{\Phi} \boldsymbol{\psi}_{2\mathrm{ary}} \times s, \quad 令 \boldsymbol{\Phi} \boldsymbol{\psi} = \boldsymbol{A} \tag{4.14}$$

$$\boldsymbol{Y} = \boldsymbol{A} \times s \tag{4.15}$$

然后通过求解 CS 恢复的数学程式确定输入键控向量的展开系数为

$$\hat{s} = \arg \min \| \boldsymbol{v} \|_1 \quad \text{s.t} \quad \boldsymbol{Y} = \boldsymbol{A}\boldsymbol{v} \tag{4.16}$$

其中,$\boldsymbol{v}$ 是求解过程中的迭代更新向量,用来表示最终估计向量 $\hat{s}$。

求解式(4.16)的数学方程式将得到稀疏度 $K=1$ 的 CS 恢复输出向量 $\hat{s}$,其包含了复值相位、幅度和 $\boldsymbol{\psi}_{2\text{ary}}$ 的二元索引估计。二元索引对应 $\boldsymbol{\psi}_{2\text{ary}}$ 的行索引,本书将其定义为二元索引估计(binary index estimate,BIE)。

为阐明该种方法,本书假设了一个长度为 3 的比特流,即 $N_b=3$,样本长度为 $N=2^3=8$,设定比特流 $a[i]=[1,1,0]$。基于上述 CS 恢复方法,可以得到输出 $\hat{s}[n]=[0000a+ib000]$,其中非零元素为 BIE,复值元素为被采样信号的相位和幅值。该方法的示意图如图 4.5 所示。

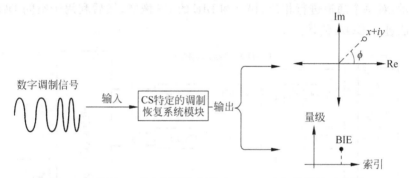

图 4.5　基于 CS 特定调制恢复的 CS DOA 和相位估计示意图

BIE 是解调的基本方法。知道输入向量的先验稀疏性,可以在 CS 恢复仿真中使用最优贪婪算法。然而,为了使用 $\boldsymbol{\psi}_{\text{FSK}}$ 和 $\boldsymbol{\psi}_{\text{PSK}}$ 使 CS 恢复成功,需要提前确定或已知载频和调制类型,以便选择或生成相应的键控传感矩阵。这样就限制了应用及扩展。

4.1.3　CS DOA 的实现

本书提出了降低存储量和计算量的方案,在特定调制传感矩阵的条件下,替换传统的接收机——比测仪为图 4.6 所示的亚奈奎斯特 CS 采样接收模块(使用仿照 CS 采样 RDPI[190])及 CS 恢复模块。这导致了 CS 可分辨估计每个通道各自信号的幅度和相位。结合导向矢量,就构成了 DOA 估计的子空间算法。

本书提出的基于 CS 的 DOA 仿真设计主要包括两个方面:首先,为接收的键控调制信号设计精确的 CS 相位估计;其次,研究了给定 CS 恢复数据的 DOA 子空间估计算法性能。如 4.1.2 节所示,CS 对 RF 信号进行相位恢复是有重要意义的,常规的 CS 恢复会产生模糊结果。此外,该 DOA

估计算法仅可被有限集成至图 4.6 中提出的系统架构中。

因此,本书采用了一种满足以下假设的方法进行特定调制类型的 CS-DOA 估计：

（1）载频预先确定或已知。

（2）信号为窄带数字键控调制信号。

（3）DOA 估计是特定频率的。

（4）DOA 依赖数字调制方式。

最后,对于来波键控调制信号,本书的方法是使用 N 通道的阵列天线接收信号并经 DOA 估计算法输出方位估计。本书假设系统架构①如图 4.6 所示,对每个通道进行相位、幅度和 BIE 的 CS 恢复,然后利用子空间 DOA 算法进行 DOA 估计。

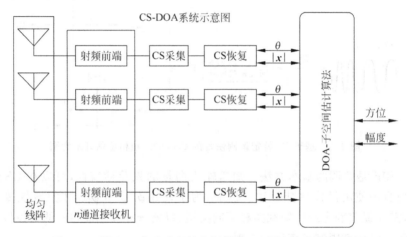

图 4.6　利用 CS 方法进行特定调制 DOA 估计的系统示意图

应注意的是阵元距离应小于半波长 $d \leqslant \lambda/2$,与传统的数字接收机一样,输入信号依然需下变频为基带信号(中频)

本书的实现方法遵循 4.1.2 节的结果,依赖相位的准确估计②。在此基础上,CS-DOA 继续展开,下面的步骤描述了图 4.6 所示的系统块对应的 CS-DOA 过程。

CS-DOA 步骤如下：

（1）信号入射到均匀线性阵列上,并通过 N 通道的接收机将其下变频

---

① 系统模块利用 MATLAB 进行仿真,尚未进一步实际实施,实际实施超出了本工作的研究范畴。

② 与幅度估计相反,相位估计对于子空间 DOA 算法的准确性起着关键作用。

为基带信号(中频信号)。

(2) 中频信号借助模拟 RDPI 采样器进行随机采样。

(3) CS 采样信号通过 OMP 和 CoSaMP 等贪婪算法进行信号恢复。这些算法用于性能比较,当输入信号稀疏度为 1 时,它们的时间复杂度相等。

(4) 对 CS 恢复输出信号,即 BIE、幅度和相位估计进行记录。

(5) CS 恢复的相位和幅度估计作为 MUSIC 子空间 DOA 估计算法的输入进行 DOA 估计。

对于 MUSIC 子空间 DOA 估计算法,本书假定信号模型为 M 个信号入射到一个均匀线性阵列上,噪声为高斯噪声,信号模型可表达为如下的矩阵形式:

$$x = SA + w \tag{4.17}$$

$$A = [\alpha_1, \alpha_2, \cdots, \alpha_M]^{\mathrm{T}} \tag{4.18}$$

$$S = [s(\phi_1), s(\phi_2), \cdots, s(\phi_M)] \tag{4.19}$$

其中,α 是入射到 N 元均方线性阵列的信号,其形成大小为 $N \times M$ 的矩阵 A。同样,S 是大小为 $N \times M$ 的导向矩阵。目标利用子空间算法(MUSIC)进行导向矢量的正交分解(具体细节参考 2.4 节),对输入信号入射角的方位进行估计。

本书的方法与传统的估计方法不同,用 CS 恢复相位和幅度估计作为输入信号,而不是采用时域输入信号。

第5章

基于压缩感知的相位键控调制

5.1 仿真框架

相移键控信号的压缩感知 DOA 估计需要保证压缩感知相位和幅度恢复的准确性,而后才能作为输入信息用于子空间 DOA 估计算法。否则,如果相位和幅度的估计精度得不到保证,利用压缩感知采样和恢复的信息进行 DOA 估计将无效。只有精度得到保证,对于具体的相移键控压缩感知估计,我们才可以继续利用压缩感知恢复的相位、幅度和 BIE 估计值作为子空间 DOA 估计算法的输入标量。

本节将通过对 CS 采样的窄带信号(如 2FSK 和 2PSK)参数估计(包括相位和 BIE)进行仿真,来研究特定键控调制信号 CS 恢复方法(参见 4.1.2 节)的性能和准确度。研究目标包括以下几项:

(1) 相位恢复精度。

(2) Binary index 估计精度。

(3) 高噪声环境中的估计性能(如低信噪比)。

(4) 适合的 CS 恢复算法策略。

(5) 充分满足 CS 恢复时采样压缩比的要求。

(6) CS 恢复的计算复杂度。

仿真过程中主要考虑信噪比和压缩比。这些参数对于 ES 接收机在低信噪比环境下将在预设的典型范围中变化。

仿真效果的性能指标包括均方误差(mean squared error,MSE)、克拉默劳下界(Cramer Rao lower bound,CRLB)和检测概率(probability of detection,PD),它们为 CS 恢复估计性能分析提供了统计基础。此外,对于所考虑的调制信号,本书测试了 CS 恢复估计的计算时间,并给出了每秒的浮点运算次数[①]。

5.1.1 仿真设置

在产生用于恢复的基矩阵 ψ_{2PSK} 和 ψ_{2FSK} 时,假定输入信号载频已知。输入信号 $a[n]$ 是一个长度 $M=256$ 的比特流(取自比特长度 $N=\log_2 M=8$ 为 1B),该信号可被视为一个采样自基 $\psi[k,m]+w$ 的向量 k,$w \sim \mathcal{N}(0,\sigma^2)$ 为高斯白噪声。

比特序列作为输入信号,叠加了不同信噪比的白噪声。同样地,采样信号的压缩比(compression ratio,CR)也在选定范围内变化,以确定其对 CS 恢复性能的影响。压缩比 CR 定义为欠采样率与奈奎斯特速率之比。

对于所有 SNR 和 CR 组合,测量其性能指标,对于相位和幅度测量均方误差,对于 BIE 测量检测概率(probability of dectection,PD)。此外,本书使用克拉默劳下界作为理想无偏估计的最小方差(minimum variance of unbiased estimator,MVUE)与仿真的均方误差进行对照。可以注意到,CRLB 是 MSE 估计器的最佳估计下界[136]。

5.1.2 性能指标

5.1.2.1 相位估计的均方误差

通过均方误差可以对信号参数实际值 Y(如相位)与估计值 $\hat{Y}$ 之间的误差有很好的了解。在变量 SNR 和 CR 的子集上迭代计算每个输入信号 $a[n]$ 的均方误差,变量 SNR 和 CR 的每次变化分别用 i 和 j 来表示。因此,可得到如下 MSE:

$$\mathrm{MSE}[i,j] = \frac{1}{N}\sum_{n=1}^{N}[Y[n]-\hat{Y}[n]]^2 \qquad (5.1)$$

需要注意的是,我们可以将上述 MSE 写为估计量的方差分布和一个偏置因子的形式,即

$$\mathrm{MSE}(\hat{Y}) = \mathrm{Var}(\hat{Y}) + (\mathrm{Bias}(\hat{Y},Y))^2 \qquad (5.2)$$

因此我们可以利用方差来表示相位估计器的 MSE,效果与 CRLB 相

---

① 所有的仿真均使用 MATLAB。

当,其中对于每一个估计,相应的 CRLB 可推导如下:

$$相位:Var(\hat{Y}) \leqslant \frac{2}{\text{SNR} \times N} \tag{5.3}$$

其中,N 代表集合中样本的数目;σ 是估计的标准差。

如果我们为每个相应的压缩比估计值分配一个潜在值 MVUE,并在 SNR 范围内进行映射,这就提供了一种在相同范围内用于比较估计性能的统计基础测试的 CRLB 估计误差。

图 5.1 显示了各种可能情况的 MVUE,更有趣的是,对于一个估计值,这种比较是最为充分的。需要注意的是,MVU 估计值越趋近 CRLB,其估计效率越高。

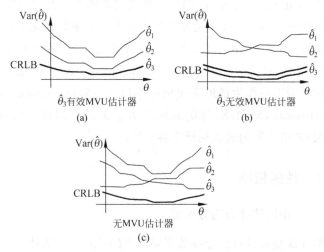

图 5.1 多种 MVU 估计器与 CRLB 对比的示意图

图中估计值定义为 θ 而非如式(5.2)中的 Y(参考文献[82])

5.1.2.2 BIE 的检测概率

仅仅确定检测概率是无意义的,而应是在此种条件下,利用实际输入信号 $a[n]$ 的二进制指数的布尔求和相对应的正确 BIE 来确定检测和恢复概率。这可以表达为

$$\text{PD}[i,j] = \sum_{n=1}^{N} \alpha \tag{5.4}$$

其中,如果 $Y = \hat{Y}$,则 $\alpha = 1$;如果 $Y \neq \hat{Y}$,则 $\alpha = 0$。

5.1.2.3　计算性能

计算性能通过每秒浮点运算次数来衡量,在理论上,给定一个计算平台,可以根据式(5.5)进行计算:

$$\text{Flops 次数} = \text{核数} \times \frac{\text{CPU 频率}}{\text{核数量}} \times \frac{\text{FLOPS}}{\text{循环}} \tag{5.5}$$

假设有一个不同的计算平台,如嵌入式系统或 DSP 计算核,FLOPS 是衡量相似仿真或算法计算性能的标准。

然而,依据实验知识,仿真中计算得到的 FLOPS 次数通常比测量次数要大得多[47]。因此本书设计进行了一个基准测试,以确定在仿真中 FLOPS 次数和 CS 恢复所需的时间,这就提供了另外一个对于 FLOPS 和 CS 恢复计算性能的衡量。

仿真在一个 4 核,主频 2.9 GHz,CPU Intel i7 的平台上进行。

5.1.3　仿真参数

图 5.2 给出了一次迭代输出的典型结果,即幅度、相位和 BIE 估计与实际信号参数的比较。

该仿真基于 2FSK 信号,载波频率作为先验知识已知,相位变化从 $[-\pi/2:\pi/2]$ 对应一个 180°方位变换的 ULA 接收机。压缩比是奈奎斯特采样率的 15%,SNR 为 5 dB,本次迭代的输入向量长度为 256。其他次仿真时,对 2FSK 和 2PSK 信号按照如下参数进行迭代计算。

(1) SNR[-5 dB:20 dB]。

(2) CR 3%~36%。

(3) 信号比特长度 $M = \log_2 N = 8$。

(4) 比特序列变化范围 $[0:2^8]$。

在 CS 恢复时,当输入信号稀疏度为 1 时,考虑到算法计算效率,本书仅使用 OMP 和 CoSaMP 两种贪婪算法。

这里需要注意的是,从图 5.2 可以看到相位和 BIE 的估计基本准确,但是幅度估计却明显不如相位和 BIE 准确。而 DOA 估计算法并不依赖幅度信息的准确性,但对相位估计的精度要求很高。因此,接下来我们将着重考虑相位估计。

对 2FSK 和 2PSK 完成仿真迭代计算后,根据信号变化范围计算 MESs,PDs 和 FLOPs 来分析参数性能。分析结果在第 6 章将被用来评估键控 CS 恢复算法对 DOA 估计的可行性。

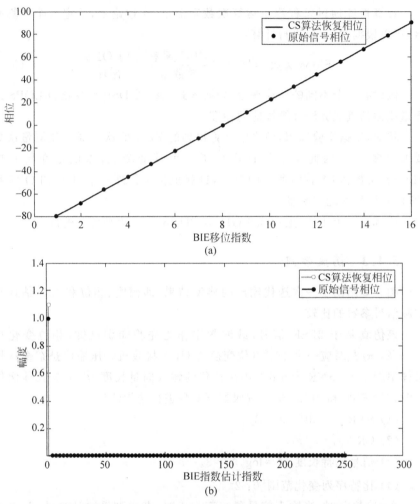

图 5.2　FSK 调制信号,压缩比为信号原始采样率的 15%,相位范围为−90~90,256×
　　　256 感知矩阵下的相位估计与 BIE 值关系图(a)和 FSK 调制信号,压缩比为
　　　信号原始采样率的 15%,256×256 感知矩阵下的幅度估计与 BIE 值关
　　　系图(b)

(a)圆点表示相位估计值,实线表示实际相位值。(b)圆圈表示幅度估计值,圆点表示实际幅度
值。利用感知矩阵 $\mathbf{\Psi}[m,n]$ 进行 CS 恢复的 BIE 值对应于(b)中的非零值。输入长度为 256 的
2FSK 信号向量,即二进制流输入长度为 2^8,经过调制后为 $2^8=1$ 的位序列

5.2 仿真 1.1.1——2FSK 信号 CS 相位恢复

这组仿真对 2FSK 输入信号进行了 CS 相位恢复,并绘制了参数为 SNR 和 CR 的仿真结果。

图 5.3 描述了 MSE 估计及与相应的 CRLB 的比较。图 5.4 作为一个辅助说明了估计误差与变量的变化关系,提供了估计的一种示意性性质。

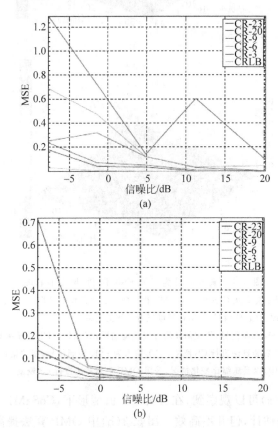

图 5.3 输入信号为二元 FSK 调制(见文前彩图)

(a)(b)分别是贪婪算法 CoSaMP 和 OMP 相位恢复均方误差。CRLB 代表了理想的 MVUE,并作为恢复估计的基准,两图 MSE 尺度不同

(a) 输入为 FSK 调制信号的相位恢复均方误差,改变 CS 采样压缩比时,CRLB 和 SNR(从低到中)的比较,采用 CoSaMP 贪婪 CS 算法进行恢复;(b) 输入为 FSK 调制信号的相位恢复均方误差,改变 CS 采样压缩比时,CRLB 和 SNR(从低到中)的比较,采用 OMP 贪婪 CS 算法进行恢复

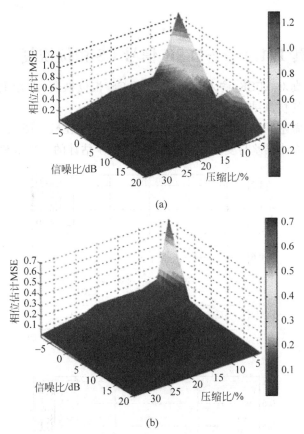

图 5.4　输入信号为二元 FSK 调制（见文前彩图）

(a)(b)分别是贪婪算法 CoSaMP 和 OMP 相位恢复的均方最小误差。三维图显示了信噪
比(y 轴)，压缩比(x 轴)和相位估计精度三者之间的关系

(a) 输入为 FSK 调制信号，相位估计均方误差随信噪比(低到中)以及压缩比变化情况，
采用 CoSaMP 贪婪算法进行 CS 恢复；(b) 输入为 FSK 调制信号，相位估计均方误差随
信噪比(低到中)以及压缩比变化情况，采用 OMP 贪婪算法进行 CS 恢复

　　由图 5.3(a)可以观察到，在各种 CR 值情形下，CoSaMP 算法对 MVU
估计均为无偏估计，但并不高效。图 5.3(b)中 OMP 算法提高了对于各种
CR 值无偏估计的精度，且对于 CR＝23％是高效的，但是对于更低的 CR
值，相应的 MVU 估计并不高效。对于更高的 SNR 值，无论何种 CR 值，
OMP 和 CoSaMP 估计的均方误差均趋向 CRLB。

　　在均方误差情形下，OMP 算法的性能优于 CoSaMP。由于图 5.3(a)
和(b)的尺度不同，首次查看图形可能会导致误解。然而对于所有的 CR 值，
在 SNR 大于－8 dB 的情形下，OMP 算法的均方误差要低于 CoSaMP 算法。

对于利用 CS 恢复估计 2-Ary FSK 相位，OMP 是一种高效的无偏 DOA 估计算法。对于高信噪比环境，两种 CS 恢复估计方法同样有效。

5.3 仿真 1.1.2——2PSK 信号 CS 相位恢复

这组仿真对 2PSK 输入信号进行了 CS 相位恢复仿真，并给出了参数为 SNR 和 CR 的仿真图。

图 5.5 描述了估计值及与之相应的 CRLB 的比较，而图 5.6 作为一个辅助说明了估计误差与变量的变化关系，提供了估计的一种示意性特性。

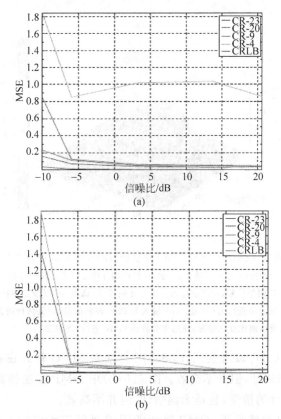

图 5.5 输入信号为二进制 PSK 调制（见文前彩图）

(a)(b)分别是贪婪算法 CoSaMP 和 OMP 相位恢复均方误差。CRLB 代表了理想的 MVUE，并作为恢复估计的基准

(a) 输入为 PSK 调制信号的相位恢复均方误差，改变 CS 采样压缩比时，CRLB 和 SNR(从低到中)的比较，使用 CoSaMP 贪婪算法进行 CS 恢复；(b) 输入为 PSK 调制信号的相位恢复均方误差，改变 CS 采样压缩比时，CRLB 和 SNR(从低到中)的比较，使用 OMP 贪婪算法进行 CS 恢复

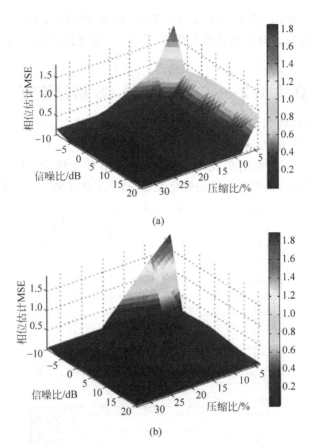

图 5.6 使用贪婪 CoSaMPCS 和 OMP 算法进行相位恢复的均方误差（见文前彩图）

三维图显示了信噪比（y 轴），压缩比（x 轴）和相位估计精度三者之间的关系

（a）输入为 PSK 调制信号，相位估计均方误差随信噪比（低到中）以及压缩比变化情况，使用 CoSaMP 贪婪算法进行 CS 恢复；（b）输入为 PSK 调制信号，相位估计均方误差随信噪比（低到中）以及压缩比变化情况，使用贪婪算法 OMP 进行 CS 恢复

由图 5.5(a)可以观察到，CoSaMP 算法对 MVU 估计在各种 CR 值情形下均为无偏估计，但并不高效。图 5.5(b)中 OMP 算法提高了对于各种 CR 值无偏估计的精度，且是无偏估计，但并不高效。

在均方误差情形下，OMP 算法的误差要低于相应的 CoSaMP 算法。由于图 5.5(a)和(b)的尺度不同，首次查看图形可能会导致误解。然后注意到 CR 值低于 16%，在 CR 最高时，无论在何种信噪比情况下，OMP 算法的均方误差要小于 CoSaMP 算法。

OMP 基于 CS 恢复方法对 2-Ary PSK 进行相位估计,是一种更有效的无偏 DOA 估计部署算法。

5.4 仿真 1.2.1——2FSK 信号 CS BIE 恢复

对有限长度的输入向量,本书使用 CS 恢复算法对所有 2FSK 信号参数的组合进行了 BIE 估计性能仿真,依据仿真参数(参见 5.1.3 节)绘制了不同信噪比及 CR 值下的仿真图。图 5.7 详细显示了这些内容。

由图 5.7(a)可以观察到,在整个信噪比范围,在 CR≥17% 的情况下,CoSaMP 算法对输入 FSK 信号的 BIE 估计是准确的,其检测概率为 1。事实上,当信噪比和 CR 值分别不超过 0 dB 和 17% 时,几乎所有的 BIE 估计均是准确的。图 5.7(b)显示,在输入信号相同时,BIE 的 OMP 算法估计当 CR≥15 时,PD 有轻微的改善。同样地,如果 CR 和 SNR 值不超过 15% 和 0 dB,BIE 估计是准确的。如第 4 章所述,如果输入向量的 BIE 可以与正确的感知矩阵行相对应,那么它可以作为使用 CS 解调的基本形式。因此,考虑到 2FSK 的 BIE 恢复具有很高的概率,使用移位键控 CS 传感矩阵可以提供额外的信号信息,而不需要额外的计算。使用 OMP 和 CoSaMP 算法

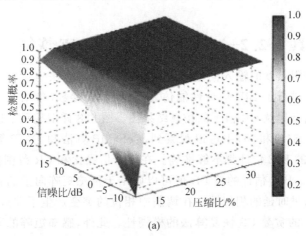

(a)

图 5.7 输入信号为二元 FSK 调制,贪婪算法 CoSaMP 和 OMP Binary index 恢复
估计(BIE)检测概率(PD)(见文前彩图)

三维图显示了基于 CS 恢复的信噪比(y 轴),压缩比(x 轴)和检测概率(PD)三者之间的关系
(a) 输入为 FSK 调制信号,正确 BIE 估计检测概率随信噪比(低到中)以及压缩比变化情况,使用贪婪 CoSaMP 贪婪算法进行 CS 恢复;(b) 输入为 FSK 调制信号,正确 BIE 估计检测概率随信噪比(低到中)以及压缩比变化情况,使用 OMP 贪婪算法进行 CS 恢复

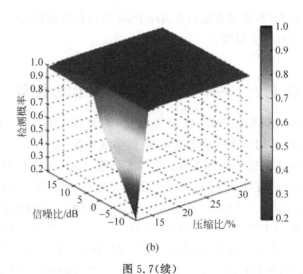

图 5.7(续)

进行 CS 恢复将使 2FSK 的同步解调成为可能。

　　注意在图 5.7(a)和(b)中，当 SNR 不小于 5 dB 且 CR 趋于 10％时，PD 值依然较高。尽管如此，OMP 算法将作为更好的 BIE CS 估计器，因为当它保持 PD 为 1 时，SNR 和 CR 的可操作范围更大。

5.5　仿真 1.2.2——2PSK 信号 CS BIE 恢复

　　对于有限长度的输入向量，本书使用 CS 恢复算法对所有 2FSK 信号参数的组合进行了 BIE 估计性能仿真，依据仿真参数(参见 5.1.3 节)，绘制了不同信噪比及 CR 值下的仿真结果图。图 5.8 详细显示了这些内容。

　　在图 5.8(a)和(b)中可以观察到，CoSaMP 算法和 OMP 算法对输入 2PSK 信号的 BIE 估计都不够准确。在整个信噪比和 CR 范围内 PD 值都没有达到 1。BIE 估计的低 PD 值可以归结于传感矩阵向量的相位调制结构以及行向量时延的相似性。在调制中相位的突变产生了非线性，导致了稀疏度为 1 的贪婪 CS 恢复算法的模糊性。此外，感知矩阵的某些行向量可以通过原始行向量进行一个时移后来表示，这导致了 CS 恢复期间将其与正确的行向量(BIE)混淆，从而降低了 BIE 估计的 PD 值。

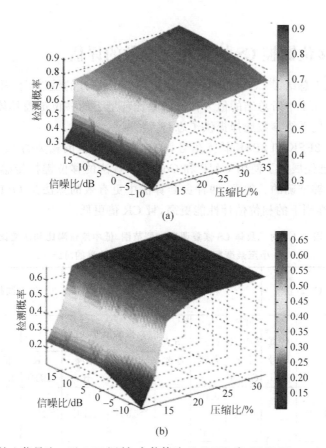

图 5.8 输入信号为二元 PSK 调制，贪婪算法 CoSaMP 和 OMP Binary index 恢复
估计（BIE）检测概率（见文前彩图）

三维图显示了基于 CS 恢复的信噪比（y 轴），压缩比（x 轴）和检测概率三者之间的关系

（a）输入为 PSK 调制信号，正确 BIE 估计检测概率随信噪比（低到中）以及压缩比变化情况，使
用 CoSaMP 贪婪算法进行 CS 恢复；（b）输入为 PSK 调制信号，正确 BIE 估计检测概率随信噪
比（低到中）以及压缩比变化情况，使用 OMP 贪婪算法进行 CS 恢复

  尽管 CoSaMP 算法比 OMP 算法的 PD 值更高，但解调条件要求对所
有的 BIE，PD 值均为 1。因此，移位键控感知矩阵 CS 恢复方法对于 2PSK
信号的 BIE 估计不值得进一步研发，PD 值太低，不能用于非模糊的 BIE
估计。

5.6 移位键控 CS 恢复系统参数的评估

表 5.1 总结了 CS 恢复算法对相位和 BIE 估计的性能,下面据此展开论述。表 5.1 中所总结的值为在低信噪比环境下的移位键控具体 CS 恢复算法的最优系统参数选择提供了思路。

对于 2FSK 和 2PSK 输入信号,在与 CR 变化范围相关的 MVUE 准则下,本书已经展示了使用 OMP 和 CoSaMP 算法的移位键控传感矩阵相位估计是足够准确的。然而,两种贪婪算法中更有效的算法是 OMP,因为它在 MSE 准则下的相位估计性能更高,且 CR 值更低。

表 5.1 对于具体 CS 恢复调制类型范围,低中度信噪比和压缩比小至奈奎斯特采样率 3% 的仿真结果的总结

调制样式	CS 算法		相位			BIE				CS 恢复调制类型范围
		仿真序号	可信 MVUE 下的 CR 值	MSE 范围	仿真序号	检测概率 1		CR (BIE)	信噪比/dB	最优算法
						CR	信噪比比			
2FSK	OMP	1.1.1	>3	0.01 ~ 0.42	1.2.1	>15%	ALL	>15%	>−5	*
	CoSaMP		>6	0.02 ~ 0.60		>17%	ALL	>17%	>−5	
2PSK	OMP	1.1.2	>4	0.01 ~ 0.02	1.2.2	NA	NA	—	>−5	*
	CoSaMP		>9	0.03 ~ 0.16		NA	NA	—	>−5	

在使用移位键控感知矩阵进行 CS 恢复时,将输入 2FSK 信号用于 DOA 估计,当相位精确估计时,仿真结果表明了可操作变量的如下变化范围:

(1) CR ≥ 3%。

(2) SNR ≥ −5 dB。

对于需要同时对 BIE 和 2FSK 相位进行估计的情况,变量 CR 的范围必须增加到 15％,而信噪比范围可保持不变。

使用移位键控传感矩阵进行 CS 恢复,将输入 2PSK 信号用于 DOA 估计,当相位精确估计时,仿真结果指明了可操作变量的如下变化范围:

(1) CR ≥4％。

(2) SNR≥−5 dB。

需要注意的是,DOA 估计需要进行相位估计,而不是 BIE 估计。BIE 估计值是一个使用移位键控矩阵可估计的额外参数,它提供了一种解调方式,因为 BIE 指示了输入待解调信号的索引。如表 5.1 的仿真和总结所示,给定移位键控调制 2FSK 和 2PSK 信号,利用 CS 技术可实现精确的相位估计,其估计性能边界(MSE 和 MVUE 指标)取决于压缩比和信噪比。

对于此类信号的 CS 相位估计可适用于低信噪比环境,特别是 ES 接收机。然而,为了准确估计 BIE 且系统性能无偏差,需要将 CR 从 3％提高到 15％,且此种 BIE 估计情形仅适用于 2FSK 信号。

5.7 解调性能

依据表 5.1 中 BIE 的值可推定当压缩比大于 15％时,基于 OMP 算法,仅对 2FSK 信号,BIE 值是可估计的。此外我们可以观察到,计算性能需 500 万次浮点运算才可恢复(见图 5.9)。估计的 BIE 可以作为解调的初步形式,因为它对应传感矩阵中正确的调制序列行向量。因此,为了确定 BIE 是否可以这样使用,需要将它与传统且类似的解调方案进行比较。因此本书假设输入 GSM 信号,与 2FSK 调制等效的 GMSK 数字调制。

在一个典型的 GMSK 解调过程中,输入信号通过解调模块进行实时解调,这使 CS 恢复解调失去了竞争力。然而,我们知道 GSM 使用时分多址(time division multiple access,TDMA),允许在相同的载波频率下以 271 kb/s 的速率进行多通道传输。因此,要使用 CS 方法解调相同的输入信号,产生的浮点计算量能够在数字信号处理器上实现。对于 256 比特信号长度,CS 恢复需 500 万次浮点运算,本书设计了式(5.6)~式(5.8)来确定所需的浮点运算量:

$$所需浮点 = \frac{CS\text{-}FLOPS\ No. \times 传输速率(kB/s)}{CS\ 比特信号长度} \tag{5.6}$$

$$= \frac{5 \times 10^6 \times 271 \times 10^3}{256} \tag{5.7}$$

$$= 5.29 \times 10^9 \tag{5.8}$$

图 5.9 中的输入为 FSK 调制信号，利用每秒浮点运算次数来衡量计算性能与压缩比之间的关系。使用 OMP 和 CoSaMP CS 算法的结果比较。

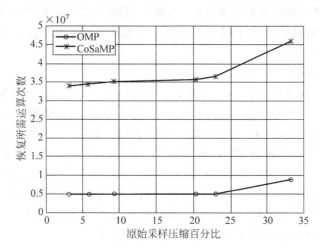

图 5.9　CS 恢复下利用每秒浮点运算次数衡量的计算性能与压缩比之间的关系
输入信号为 FSK 调制类型

目前类似的基于 FFT 的 FPGA 平台计算能力可以达到 4000 亿次每秒浮点运算[6]，而类似的 DSP 部署可以达到 2000 亿次浮点运算[75]。因此使用 FPGA 或 DSP 平台可以实现具体的 CS 的解调，且对于 GSM 信号，只需要 52.9 亿次浮点运算即可。因此，利用 CS 恢复估计的 BIE 进行解调可以在与传统解调算法成本相当的数字处理平台上实现。

5.8　仿真 1.3.1——2FSK 信号 CS 恢复的计算性能

为检验针对 2FSK 信号的 CS 恢复计算性能，本研究仿真了不同压缩比下所需的浮点运算量。图 5.10 和图 5.11 显示了对于不同压缩比值的仿真结果。由于计算性能和信噪比无关，故仿真中不考虑信噪比的影响。图 5.9 详细阐明了所得到的仿真结果。从图 5.9 可以观察到 OMP 算法（圆形符号）计算性能高于 CoSaMP 算法，需要更少的浮点运算量。与预期一致，浮点运算量随着压缩比的升高而升高。这是因为对于 CS 恢复算法，增加样本长度将增加计算量。对于给定的长度为 $N=256$ 的 2FSK 输入信号，对应于压缩比值，OMP 算法所需的浮点运算范围为 500 万～1100 万次每秒。

注意到 OMP 算法提高了针对 2FSK 信号的计算性能。因此，鉴于计算性能和准确性（参见仿真 1.1.1），基于 CS 的 DOA 估计中应优先选择 OMP 算法。

5.9　仿真 1.3.2——2PSK 信号 CS 恢复的计算性能

为检验针对 2FSK 信号的 CS 恢复计算性能,本研究仿真了不同压缩比下,分别使用 OMP 算法和 CoSaMP 算法所需的浮点运算量。这些结果示意图基于不同的压缩比进行了仿真。由于计算性能和信噪比无关,故仿真中不考虑信噪比的影响。图 5.10 详细阐明了所得到的仿真结果。

从图 5.10 可以观察到,OMP 算法(圆形符号)计算性能高于 CoSaMP 算法。对于给定的长度为 $N = 256$ 的 2FSK 输入信号,对应于不同压缩比值,OMP 算法所需的浮点运算范围为 500 万~1000 万次每秒。

注意到考虑使用 CS 恢复方法时,采用 OMP 算法提高了针对 2PSK 信号的计算性能。因此,鉴于计算性能和准确性(参见仿真 1.1.2),基于 CS 的 DOA 估计中应优先选择 OMP 算法。

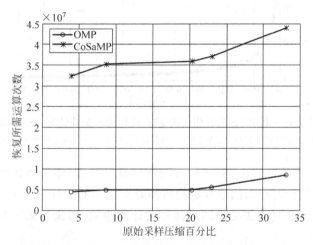

图 5.10　CS 恢复下利用每秒浮点运算次数衡量的计算性能与压缩比之间的关系
输入信号为 PSK 调制类型,图上面部分注释:输入为 PSK 调制信号,利用每秒浮点运算次数衡量的计算性能与压缩比之间的关系。使用 OMP 和 CoSaMP CS 算法的结果比较

5.10　CS 恢复的计算性能

CS 采样恢复是传统奈奎斯特方案外唯一的一种计算框架,本书将对这两种方案进行比较,所需采样点的减少(压缩比)是否会减少计算时间,这关系到具体的移位键控 CS 方法是否值得发展。

OMP 算法和 CoSaMP 算法计算复杂度（时间复杂度）是线性的，分别为 $O(MNK)$，$O(MN)$（参见 3.4 节）。当稀疏度 $K=1$ 时，两种算法的计算复杂度是相等的，即 $O(MN)$，其中 M 是输入向量的大小，N 为感知矩阵的大小。因此，须通过具体应用测试计算复杂度，仿真 1.3.1 和仿真 1.3.2 表明 OMP 算法具有较低的计算复杂度，运算范围为 500 万～1100 万次每秒。

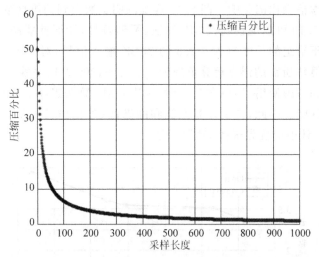

图 5.11　利用 CS 进行相位恢复时，压缩比匹配等价的 FFT 实现

图上面部分注释：利用 CS 方法时，计算复杂度与 FFT 相当时压缩比的百分比值

为了评估常规 Nyquist 采样方法的计算复杂度，本书考虑利用常规的 FFT 算法进行相位估计，该算法的时间复杂度为 $O(N\log_2 N)$[164]。因此，本书中的 CS 恢复方法必须匹配同样的计算阶数，即满足如下时间复杂度条件式：

$$MN = N\log_2 N \tag{5.9}$$

$$M = \log_2 N \tag{5.10}$$

因此，为了匹配传统的 FFT 时间复杂度，CS 感知矩阵的大小必须符合上述表达式，其中压缩比（以百分比表示）为 $CR=100M/N$。常规 FFT 方法与 CS 恢复方法匹配的情况如图 5.11 所示。因此，在给定 2FSK 和 2PSK 输入信号的二进制位长度的情况下，为匹配传统 FFT 方法的时间复杂度所需要的压缩比（以百分比表示）标准如下：

（1）256，约为 3%。

（2）512，约为 1.7%。

（3）1024，约为 1%。

如果将相当的时间作为使用 CS 恢复方法的目标，对于大于 256 的样本长度，压缩比需要小于 3%。唯一能够满足此 CR 约束的场景是使用 OMP 算法进行 2FSK 相位估计（参见仿真 1.1.1）。对于需要更高的 CRs 的场景，必须在计算复杂度（处理时间）与样本容量减少两者之间进行权衡。

总之，使用 CS 移位键控传感矩阵结合 OMP 算法进行相位估计，在考虑小样本长度时，与传统的 FFT 相比具有相似的计算性能。对于长度小于 256 的样本，通过本书当前的相位调制 CS 方案，相当的计算性能是可以实现的。当涉及较大的样本长度时，应参考图 5.11 进行计算性能比较。

第6章

特定调制CS DOA

6.1　章节纲要

第 5 章针对 2FSK 和 2PSK 信号使用移位键控传感矩阵实现了相位的精确估计,本书将进一步研究将 CS 相位恢复用于 DOA 估计——在本章中被称为 CS DOA。

本章将借助仿真手段对所提 CS DOA 方法的性能进行研究。目标是在给定 CS 相位估计时,对窄带键控调制信号进行精确的 DOA 估计。前述章节所构造的 CS 传感矩阵被用来进行相位估计,从而利用子空间算法(MUSIC)对感兴趣的信号进行 DOA 估计。这些仿真是用来处理以下任务的,包括:

(1) 在使用相同的子空间算法(MUSIC)情形下,CS DOA 估计精度与传统奈奎斯特采样 DOA 估计精度的比较。

(2) 强噪声(低信噪比)环境下的估计性能。

(3) 精确 CS DOA 估计所需的压缩比。

(4) CS DOA 估计在电子支援中的扩展性。

仿真基于 4.1.3 节中所述方法,对于 N 个信道,假设线性阵列作为输入,采用自仿真 1.1.1(针对 2FSK 信号)和仿真 1.1.2(针对 2PSK 信号)所产生的 CS 恢复输出数据。作为对比,本书模拟产生了基于传统奈奎斯特采样的 2FSK 和 2PSK 信号,且利用相同的线性阵列,使用 MUSIC 算法进行 DOA 估计。与第 5 章类似,在仿真中考虑相同的 SNR 和 CR。

本章使用 MATLAB 运行所有仿真[1]。

———————————

① 使用相控阵系统工具箱进行 DOA 估计,CS 输出后利用常规的 MUSIC 算法进行 DOA 估计。

6.1.1　仿真设置

均匀线阵由 N 个阵元组成,阵元间距 $d \leqslant \gamma/2$,γ 为输入调制信号载频波长。考虑两种线性阵列天线场景,其中一种 $N=3$(方向估计所需的最小阵元数),另一种 $N=10$ 为常规线性阵列配置。

由模拟线性阵列产生接收的波达方向为 $-75 : 75$ 范围的数字键控调制信号(2FSK 和 2PSK)。每个通道施加相应的时延,时延由入射方位决定。

每个通道的输入信号类似仿真 1.1.1 和仿真 1.1.2,利用 CS 进行相位和幅度的恢复估计。其后,CS 恢复估计作为 MUSIC 算法的输入进行 DOA 估计。这种 DOA 估计称为 CS DOA 方法。基于 CS DOA 的 MUSIC 算法仿真续接 4.1.3 节。给定入射角的键控输入信号可表示为 $X[n]=S(\phi)a[n]+w[n]$,其中长度为 M 的输入调制信号 $a[n]$ 定义为传感基矩阵 $\boldsymbol{\Psi}[k,m]$ 的第 K 行。$S(\phi)$ 为导向向量,MUSIC 算法使用其进行 DOA 最优估计,$w \sim N(0,\sigma^2)$ 为输入信号高斯噪声。SNR 通过改变 w 变化,CR 通过改变 M 变化。

在 SNR 和 CR 取值分别为 $0 \sim 20$ dB 及 $1\% \sim 36\%$ 的范围时,对 DOA 估计进行仿真并测试其性能指标,即 CS DOA 估计与 DOA 理论值的均方误差。图 6.1 举例说明了在 SNR 和 CR 固定情形下单次 CS DOA 仿真估计值($*$)、常规 MUSIC 估计值($\circ$)与 DOA 实际值($+$)之间的比较,输入信号为波达方向 $[-80 : 80]$ 的 2FKS 调制信号。

6.1.2　性能指标

采用均方根误差(MSE)衡量实际信号参数 Y(入射信号 DOA)与估计值 $\hat{Y}$(使用 CS DOA)之间的误差。计算输入移位键控信号 $a[n]$ 在波达方向为 $[-80 : 80]$ 的 MSN,且计算其对变量 SNR 和 CR 的变化,变量分别记为 i 和 j。因此本书将 MSN 记为如下的形式:

$$\text{MSE}[i,j] = \frac{1}{N} \sum_{n=1}^{N} [Y[n] - \hat{Y}[n]]^2 \qquad (6.1)$$

MSE 也可以写成如下的估计量分布的方差加上偏差因子的形式:

$$\text{MSE}(\hat{Y}) = \text{Var}(\hat{Y}) + (\text{Bias}(\hat{Y}, Y))^2 \qquad (6.2)$$

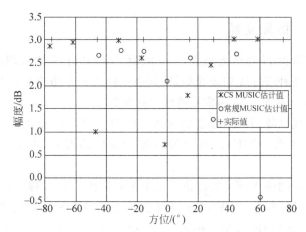

图 6.1　使用本书的 CS 方法的 CS DOA 估计、常规 Nyquist 采样 DOA 估计和实际 DOA 在指定信噪比和 CR 下的对比

信噪比为 1.1 dB,压缩率为 3.9% 的情形下,FSK 调制信号的 CS DOA MUSIC 估计值,常规 MUSIC 估计值及实际 DOA 值

6.1.3　仿真参数

CS DOA 估计仿真的参数设定如下所示,并介绍了仿真条件设定的原因。

(1) 方位角区间为 [−80:80]。该区间不包括完整的 180° 全视野是由于当波束扫描高于 80 或低于 −80 时,相位模糊性高。

(2) 仰角保持为 0,因为我们只考虑方位角估计。

(3) 天线阵元间距小于半波长 $d \leqslant \gamma/2$。

(4) SNR $\in$ [0 dB:20 dB],这是 ES 接收机的典型 SNR 范围。

(5) CR 变化范围为奈奎斯特采样率的 1%～36%(比例为 [0.02−0.3])。这是由前述章节(参见 5.6 节)CS 恢复可操作范围所决定的。

(6) 天线线性阵列由 3 个和 10 个阵元组成。

(7) 考虑采用 MUSIC 子空间 DOA 估计算法。虽然其他 DOA 估计算法同样适用,如 ESPRIT,但是 MUSIC 算法对天线数量要求较低,同时其算法精度和效率高。

(8) 信号比特长度为 $M = \log_2 256 = 8$(参见 5.6 节)。

(9) OMP 算法用于进行 CS 恢复(参见 5.6 节)。

6.2 仿真2.1——2FSK信号的CS DOA估计

2FSK信号的CS DOA估计使用MUSIC估计算法,对给定的SNR和CR绘制仿真结果图。对阵元数量为10和3分别进行仿真。图6.2显示了得到的详细结果。

在图6.2(a)中,ULA采用10个阵元进行仿真,可以观察到,对于SNR≤17 dB,CS DOA方法对所有CR值的MSE低于传统的DOA估计。这意味着使用CS DOA进行估计时,估计值与实际DOA值之间的误差小于传统的DOA估计。

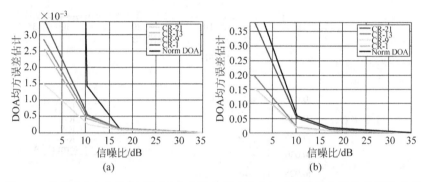

图6.2 常规DOA方法和CS DOA方法与真实DOA对比的均方误差(MSE)曲线
（见文前彩图）

每条曲线代表对应一个压缩率。CS恢复使用OPM贪婪算法,DOA估计的两个方法均使用MUSIC算法。计算入射信号为2FKS调制信号的MSE,(a)的ULA由10个天线组成而(b)为3个。入射信号的DOA区间为−75°：75°

(a) DOA估计区间为[−75：75],输入信号为FSK调制信号,在不同SNR环境下(低到中),利用10个天线的ULA,在常规采样率下使用MUSIC算法进行DOA估计的MSE；(b) DOA估计区间为[−75：75],输入信号为FSK调制信号,在不同SNR环境下(低到中),利用3个天线的ULA,在常规采样率下使用MUSIC算法进行DOA估计的MSE

当考虑低信噪比值(SNR≤5 dB)时,CS DOA方法的MSE为0.001 32～0.0025,且与CR有关,考虑传统DOA估计的MSE,虽然在图中不明显,但在0.026～0.0437变化。图6.3显示了这些值的变化情况。

在图6.3(a)中,当SNR取值为1.1 dB和5 dB时,对于通常DOA和CS DOA估计分别取相应的最大和最小MSE,本书可以利用式(6.3)和式(6.4)的因子来描述总体MSE的改进:

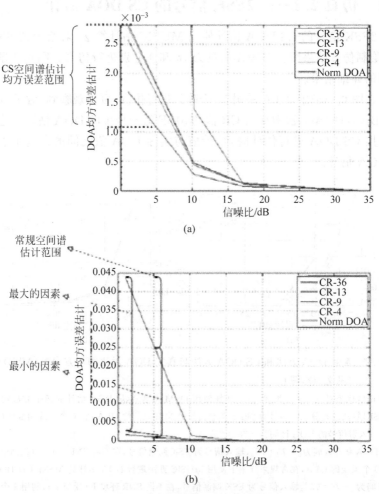

图 6.3　一个简单的图示(见文前彩图)

DOA 估计区间为[−75∶75],输入信号为 FSK 调制信号,在不同 SNR 环境下(低到中),利用 10 个天线的 ULA,在常规采样率下使用 MUSIC 算法进行 DOA 估计的 MSE;本节的其他仿真中,对于计算类似的值相同的约定同样适用

(a) 阐明如何确定在低 SNR 下 CS DOA 估计的 MSE 区间范围;(b) 阐明相应的 MSE 最小和最大因子以及通常 DOA 估计的 MSE 区间范围

$$IF_{min} = \frac{MSE\ Norm\ DOA(1.1\ dB) - MSE\ CS\ DOA(1.1\ dB)}{MSE\ Norm\ DOA(1.1\ dB) - MSE\ NORM\ DOA(5\ dB)}$$

$$(6.3)$$

$$IF_{min} = \frac{MSE\ Norm\ DOA(5\ dB) - MSE\ CS\ DOA(5\ dB)}{MSE\ Norm\ DOA(1.1\ dB) - MSE\ NORM\ DOA(5\ dB)}$$

$$(6.4)$$

其中,与传统 DOA 估计相比,最小改进因子(IF_{min})为 14,最大改进因子(IF_{max})为 16.2。改进因子取决于 CS 恢复所选择的 CR,并且正如预期的那样,随着 CR 的增加,MSE 也会提高。

当 ULA 采用 3 个阵元仿真时,如图 6.3(b)所示,我们可以观察到不同的结果。对于所有的 SNR 值,CS DOA 方法的 MSE 值低于非压缩 DOA 方法。考虑低信噪比(SNR≤5 dB),CS DOA 法的 MSE 随 CR 的变化范围为 0.09～0.22,而非压缩 DOA MSE 的变化范围为 0.294～0.47。

同样,在图 6.3(b)中取非压缩 DOA 估计和 CS DOA 估计的最小和最大 MSE 在信噪比 1.1 dB 和 5 dB 处的平均值,我们得到总体改进因子(improvement factors,IF):

$$IF_{min} = 2.45$$

和

$$IF_{max} = 3.1$$

(与传统 DOA 估计方案相比较)。改进因子依赖 CS 恢复所选择的 CR。但是,MSE 与 CR 的关系并不成正比,如图 6.3(a)所示。当 CR 从 36% 降到 3% 时,MSE 有所改善,CR＝9% 时,MSE 最低。与图 6.3(a)中的线性关系相反,所得到的非比例关系可以归结为阵元数的减少。

综上所述,基于 CS 的算法在指标 IF_{min} 和 IF_{max} 的衡量下,DOA 估计精度有所提高。CS DOA 估计精度的提高在 ULA 元素为 3 或 10 时成立。

6.3 仿真 2.2——2PSK 信号的 CS DOA 估计

2PSK 信号的 CS DOA 估计使用 MUSIC 估计算法,对不同的 SNR 和 CR 绘制仿真结果图。对阵元数量为 10 和 3 分别进行仿真。图 6.4 显示了得到的详细结果。

在图 6.4(a)中,本书在 ULA 中采用 10 个阵元进行仿真,当 SNR≤16 dB 时,CS DOA 方法获得了较低的 MSE 值。这意味着当 SNR 高于 16 dB 时,传统的 DOA 估计方案的 MSE 值较低,因此 CS DOA 改进了 DOA 估计。

在低 SNR(SNR≤5 dB)的情况下,CS DOA 方法的 MSE 为 0.001 32~0.002 6,具体取决于 CR,而传统 DOA 估计的 MSE 虽然在图中不可见,但在 0.015 6~0.026 8 变化。依据式(6.3)中定义的最小和最大改进因子,在 1.1 dB 和 5 dB 时,CS DOA 估计结果有所改进,与传统 DOA 方案相比,$IF_{min}=9.1,IF_{max}=13$。改进因子取决于 CS 恢复所选择的 CR,并且正如预期的那样,随着 CR 的增加,MSE 也会提高。

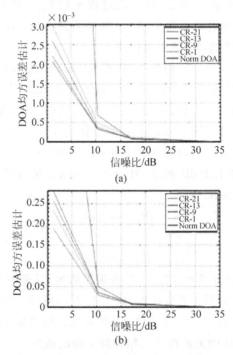

图 6.4　常规 DOA 方法和 CS DOA 方法与真实 DOA 对比的均方误差(MSE)曲线,每条曲线对应一个压缩率,计算入射信号为 2PKS 调制信号的 MSE(见文前彩图)

(a)的 ULA 由 10 个天线组成而(b)为 3 个。入射信号的 DOA 区间为 $-75°$:$75°$

(a) DOA 估计区间为[-75:75],输入信号为 PSK 调制信号,在不同 SNR 环境下(低到中),利用 10 个天线的 ULA,在常规采样率下使用 MUSIC 算法进行 DOA 估计的 MSE;(b) DOA 估计区间为[-75:75],输入信号为 PSK 调制信号,在不同 SNR 环境下(低到中),利用 3 个天线的 ULA,在常规采样率下使用 MUSIC 算法进行 DOA 估计的 MSE

当 ULA 采用 3 个阵元进行仿真时,如图 6.4(b)所示,当 SNR 值不大于 16 dB 时,CS DOA 方法的 MSE 值较低。当考虑低 SNR 值(SNR≤5 dB)时,CS DOA 方法 MSE 的变化为 0.121~0.281,而常规的 DOA 方法的 MSE 为 0.56~0.937。

与传统 DOA 方案相比,通常 CS DOA 在 1.1 dB 和 5 dB 时的最小和最大 MSE 使得 MSE 改进因子 $IF_{min}=3.1$,$IF_{max}=4.9$。

改进因子依赖 CS 恢复所选择的 CR。但是,MSE 和 CR 之间的关系不是正比例关系。当 CR 从 21% 降到 3% 时,CR=9% 获得最低 MSE。与图 6.4(a) 中的线性关系相反,所得到的非比例关系可以归结为阵元数的减少。

综上所述,采用 MUSIC 算法的 CS DOA 估计改进了 DOA 估计精度。

6.4 键控调制信号的 CS DOA 估计算法评估

表 6.1 总结了前述 CS DOA 仿真结果,并将用于本讨论的其余部分中。所总结的值为 CS DOA 方法在低信噪比环境下以及 ULA 为 10 和 3 时的最优系统参数提供了见解,本书分别将 ULA 为 10 和 3 简记为 ULA_{10} 和 ULA_3。

表 6.1 仿真 2.1 和仿真 2.2 及 CS DOA 方法可行边界的结果总结

调制类型	波达方向估计算法	仿真序号	均匀10线阵 1%≤压缩比≤36%				均匀3线阵 3%≤压缩比≤21%			
			均方误差信噪比小于5 dB		CS DOA均方误差范围	信噪比范围(CS DOA均方误差小于常规DOA均方误差)/dB	均方误差信噪比小于5 dB		CS DOA均方误差范围	信噪比范围(CS DOA均方误差小于常规DOA均方误差)/dB
			IF_{min}	IF_{max}			IF_{min}	IF_{max}		
2FSK	MUSIC	2.1	14	16.2	0.0010~0.0025	<17	2.45	3.1	0.09~0.35	<30
2PSK	MUSIC	2.2	9.1	13	0.0013~0.0026	<16	3.1	4.9	0.12~0.28	<16

注:包括低到中的 SNR,范围为 1%~36% 的奈奎斯特采样率的压缩比,包含 10 个和 3 个阵元的 ULA 及输入为 2FSK 和 2PSK 的 CS 恢复信号。

6.4.1 ULA_{10} 的性能估计

考虑仿真 2.1 和仿真 2.2 中 ULA 阵元数为 10,与传统方案相比,CS

DOA 提高了 DOA 估计精度(以 MSN 衡量)。这对于输入信号为 2FSK 和 2PSK,压缩比低至 1%,中到低的信噪比环境(0 dB≤SNR≤15 dB)的情形是适用的。

在现实中,改进因子 IF_{min} 和 IF_{max} 虽然对于一些仿真效果数值较大,但是对于 DOA 估计的准确性并没有很大的提高。例如,在仿真 2.1 中,2FSK 信号为输入,使用 MUSIC 估计算法进行 CS DOA 估计,所有仿真中得到的改进因子最大,为 $IF_{max}=16.2$。将 IF_{max} 代入 SNR 为 1.1 dB 的 CS DOA MSE 中,对于常规的 DOA 估计,计算 MSE 为 $16.2×0.0025=0.0405$。然后通过计算基于两种 MSE 的偏差统计 95%百分位数来确定与实际 DOA 的最大偏差。仿真 2.1 中,CS DOA 估计的 95%统计偏差将导致

$$\sigma×1.64=\sqrt{0.0025}×1.64=±0.082°$$

而通常的 DOA 估计为

$$\sigma×1.64=\sqrt{0.0405}×1.64=±0.33°$$

因此,尽管 CS DOA 方法相较传统 DOA 估计有改进,但是改进的精度却只有 $0.33°-0.082°=0.248°$。

当采用大天线阵元数时,CS DOA 方法的真正价值在于其可减少对样本点数量的要求。例如,对于需要 10 个单独通道的 ULA_{10},考虑输入信号样本点数为 1000。如果考虑一个数字接收机,在无波束形成情形下需要 $1000×10=10\ 000$ 个样本点。然而,假如使用 CS DOA 方法在同样场景下,样本点数目的要求可减小至 $10\ 000×1\%=100$ 个,这显著减少了存储,同时对 DOA 估计精度有小幅提高。

6.4.2　ULA_3 的性能估计

考虑仿真 2.1～仿真 2.2 中 ULA 阵元数为 3,与传统方案相比,CS DOA 提高了 DOA 估计精度(以 MSN 衡量)。DOA 估计精度的提高对于输入信号为 2FSK 和 2PSK,压缩比低至 1%,中到低的信噪比环境(0 dB≤SNR≤15 dB)的情形是适用的。

当 ULA 阵元数限制为 ULA_3 时,MSE 值与在 ULA_{10} 情形下 CS DOA 和通常 DOA 估计相比均会增加。尽管如此,对于 ULA_3,在 95%偏差百分比情形下增加的 MSE 值并不会导致大的偏差。如前所述,考虑仿真 2.1,输入为 2FSK 信号,CS DOA 估计采用 MUSIC 估计算法,所有仿真中,在 ULA_3 情形下最大改进因子为 $IF_{max}=3.1$(见表 6.1)。将 IF_{max} 代

入 SNR 为 1.1 dB 的 CS DOA MSE 中,对于常规 DOA 估计,计算 MSE 为 3.1×0.35=1.0805。因此 CS DOA 估计的 95% 偏差为

$$\sigma \times 1.64 = \sqrt{0.35} \times 1.64 = \pm 0.97°$$

而常规 DOA 估计为

$$\sigma \times 1.64 = \sqrt{1.0805} \times 1.64 = \pm 1.7°$$

因此,CS DOA 在压缩比为 3% 时,相对于常规 DOA 估计提高了估计精度。无论如何,CS DOA 估计与常规 DOA 估计差异不超过 0.73°。进而,这两种方法的部署将取决于 ES 应用类型和对 DOA 偏差的容忍度。对于涉及较大距离的应用,对 DOA 估计偏差的容忍度可能更为关键。

同样,CS DOA 方法的真正价值是在减少样本的情形下可实现相同的估计精度,而且在某些情况下可改进估计精度。在需要 3 个独立通道的 ULA_3 情形下,考虑一个长度为 1000 的输入信号。如果考虑数字接收机且无波束形成,这意味着需要采集 1000×3=3000 个采样点。但是,如果实现 CS DOA,则需要的总存储将减少到 3000×3%=90 个样本,显著减少了数据存储。

6.4.3　ULA_{10} 和 ULA_3 的比较

在样本减小方面,我们可以用式(6.5)～式(6.7)来对两种 ULA 情况进行比较:

$$ULA_{10} = B \times N \times CR = 10 \times N \times 1\% \tag{6.5}$$

$$ULA_3 = B \times N \times 3CR = 3 \times N \times 3(1\%) \tag{6.6}$$

$$ULA_3 = 0.9 \times ULA_{10} \tag{6.7}$$

其中,B 代表通道数;N 代表样本点数。

由此可以得到一个有意义的结论。无论 CS DOA 方法在 ULA 中使用多少天线,都可以获得类似的存储减少量。然而当考虑系统成本时,ULA_3 由于具有更少的采样通道数故总体成本更加节约。

MSE 和 DOA 在 ULA 阵元数更多的情况下性能更高。考虑到 10 个阵元的 ULA 在 95% 偏差百分比情形下产生的偏差为 0.082°,而 ULA_3 为 0.97°。因此 ULA_{10} 或 ULA_3 的部署必须根据系统的性能标准进行调整。

对于大多数 DOA 估计应用,当 ULA 数量为 3(ULA_3)时,就足以进行准确的 DOA 估计。无论如何,这将取决于部署所需的性能标准。此外应该注意的是,ULA_3 的 DOA 估计精度已经与利用 10 个阵元的 ULA 进行 DOA 估计的传统方法所达到的估计精度相当,即基于 ULA_3 的 CS DOA

估计在 95% 偏差百分比情形下最大偏差为 $\pm 0.97°$，基于 10 个阵元的 ULA 的传统 DOA 估计在同样情形下最大偏差为 $\pm 0.33°$。

综上所述，在考虑 2FSK 和 2PSK CS 恢复输入信号的情况下，对于这两种 ULA 情况，CS DOA 估计方法在 DOA 精度方面都优于传统的 DOA 估计方法。虽然在某些情况下，对实际 DOA 估计精度的改进是微弱的。但更为重要的是，根据式(6.7)，ULA_{10} 和 ULA_3 的存储减少量是相似的。

第7章

基于CS的电子支援频谱感知

电子防御系统的主要挑战之一是实时感知宽带谱。本章主要讲述压缩感知的应用，可以降低 ED 频谱监测的运算负载。本章也提出一种 CS 的改进方法，称为选择性频谱感知，从而为频谱感知进一步提高信号估计精度。该方法利用对感兴趣频带的先验知识，证明所提算法在低信噪比条件下仍可高效地工作。

从电子支援的角度来看，大多数宽带感知场景，如准确地检测和识别等任务，需要高性能的模拟和数字系统的实时处理[3]。在如 ES 等的竞争技术领域，需要不断改进系统的管理和性能，以减少软、硬件瓶颈导致的系统停滞的风险。通过减少采集时间和内存负载，可以实现系统性能提升，同时提高计算性能。本书关注的重点与前者相关，即使用 CS 技术降低运算负载。

让无线电通信系统以认知的方式更智能、更灵活、更有效地使用 RF 频谱，这一最新进展引领了认知无线电(cognitive radio，CR)领域的出现[93]。所有 CR 系统的主要系统功能模块之一就是频谱监测模块。CR 功能块与 ES 感知方法具有相同的框架。值得注意的是，相似之处在于对宽带信号的采样和检测要求，这为利用当前 CR 领域的先进技术进行 ES 频谱检测和识别提供了独特的机会。

最近，研究者尝试用 CS 原理[170]在 CR[171]中进行更有效的频谱感知。这些工作分为两类。第一类是尝试使用 CS 降低单个频谱传感器的 ADC 速率[119]，第二类是分布式传感，使用多个传感器来全面降低 ADC 和数据率[168]。在公开文献中，基于 CS 的算法在 ED 领域的应用比较少见。

本章解决了当前使用贪婪算法解决宽带频谱的限制，然后利用一种新的基于模型的方法实现选择性频谱感知。本书的工作利用文献[54]中所做的研究，该工作涉及频谱是块稀疏的频率场景，以及在文献[19]中所做的基于模型的 CoSaMP 算法,该算法允许基于分段频谱建模的信号重建。这些工作的主要特征表明,通过对宽带频谱中感兴趣的频段进行加权,在重建过程中可以使用文献[19]中提出的基于模型的改进算法以更好的精度有选择地恢复这些频带。这是一个支持某些频段使用不同操作模式的解决方法,并且可看作离散滤波的多种形式。一个附加的好处是与其他 CS 方法相比,在高 SNR 环境中提高了频谱恢复能力且计算量更低。

7.1　问题陈述

当使用 CS 作为传感技术处理频谱感知时,大多数性能和优化改进都与重构算法有关。如前几章所述,虽然迭代算法更精确[105],但需要更多的计算时间,而贪婪算法如 OMP[171] 或 CoSaMP[122] 则可尽快地重构信号。随后需要对频谱内的活动频率进行先验估计以作为上述重构算法的输入。从检测的角度来看,这不是理想的,但是获得充分恢复是必要的。如果估计值和真实值在合理的范围内不符合要求,则此约束会导致频谱估计明显下降[172]。

幸运的是,在处理宽频谱时,如在宽度为 30 GHz 的 ES 场景中,大多数通信和雷达信号都在指定的操作带宽内工作,具有通常已知的独特的信号特征。这种对频带占用的先验知识为离线信号的建模提供了一个机会,并提出一种基于预加权感知矩阵的重建算法来恢复感兴趣的频带。文献[19]中所示的 CS 重建算法用于研究和制定该方法。

将信号的估计带宽而不是对出现频率个数的估计作为信号重构阶段的输入,这种方法在信号恢复过程中能够更精确地估计,更快速地计算。这种信号可以作为该恢复技术[19] 的一部分建模,被称为块稀疏信号。在低 SNR 环境(SNR≤5 dB)下,大多数重建技术恢复信号仍然是一项高优先级任务[71],因为重建算法通常容易受高噪声环境的影响。这就是最开始本书在重建步骤中,选择恢复感兴趣的特定频段的方法,详见 3.2 节。正如本书之前讨论的,在重建之前,可以利用感兴趣信号带宽的先验知识,并适当地运用加权稀疏基(IDFT)来实现。在高 SNR 环境中,这可能会减小信号的频谱估计误差。以下各节将详细说明该方案。

7.2　选择性加权频谱 CS 方法

对于典型的 RF 系统,带宽上的优先级在传统上可通过模拟混合、滤波、差分放大、量化和宽带 STFT 滤波器组来实现。对于与宽带 RF 接收机系统相关的标准技术的详细讨论可见参考文献[97]。可以说,本书的方法是选择性地支持或偏向一个特定的波段,类似带通滤波,它可以通过在 RF 接收机链中添加限波滤波器来实现相同的任务。然而,这并不完全相似,因为感兴趣带宽的选择或偏置是作为 CS 重建步骤的一部分进行的。这就是本书方法的新颖之处。

此方法作为数字信号处理(digital signal processing,DSP)后端的一部分,其实现增加了系统熟练重新配置的能力。随后,使用基于 CS 的方法,可以实时配置感兴趣的子频带的偏置恢复,而无须改变 RF 前端、模拟或数字滤波器。

本书将输入信号建模为块稀疏模型,类似文献[54]和文献[19]的模型,其中输入信号的傅里叶变换可以如下建模:

$$\boldsymbol{X}[k] = (X_1, X_2, X_3, \cdots, X_N)$$

$$s[k] = \begin{cases} \boldsymbol{X}[k], & \text{如果 } k \text{ 在}(B_1, B_2, \cdots, B_n) \text{ 内} \\ 0, & \text{如果 } k \text{ 不在}(B_1, B_2, \cdots, B_n) \text{ 内} \end{cases}$$

其中,$\boldsymbol{X}[k] = \sum_{k=0}^{N} \boldsymbol{x}[n] \mathrm{e}^{-2\pi kn/N}$;$s[k] = $信号频谱的近似;$x[n] = $时域信号$\sim x(t)$;$B_n = $块稀疏信号的带宽。

尽管实际情况下信号 $s[k]$ 和 $\boldsymbol{X}[k]$ 频谱相同,但为清晰起见,在讨论中使用 $s[k]$ 的做法是合适的。此外,$s[k]$ 现在精确地类似图 7.1 中的频谱,这有助本书中的工作。且所提出的选择性频谱感测方案通过以下方式工作。正如 3.2 节描述的在重建阶段,亚奈奎斯特信号可表示为 $\boldsymbol{Y} = \boldsymbol{As}$。基于 CS 的重建算法需要把感知矩阵 $\boldsymbol{A} = \boldsymbol{\Phi F}^{-1}$ 作为输入。本书证明了在 CS 重建之前适当地对矩阵 $\boldsymbol{F}^{-1}$ 中的列进行加权或修改,为支持信号频谱中的某些频带提供了一种可行的方案,从而实现选择性频谱感知,如图 7.2 所示。此操作仅修改矩阵 $\boldsymbol{F}^{-1}$,因为采样矩阵 $\boldsymbol{\Phi}$ 在本书的检测方案中保持不变。矩阵 $\boldsymbol{F}^1$ 的权值由矩阵运算来表示,如式(7.1)所示,其中 diag 根据一个向量创建一个对角化矩阵:

$$\hat{\boldsymbol{F}} = [(\boldsymbol{F}^{-1})^{\mathrm{T}} \times \mathrm{diag}(\boldsymbol{\delta}(n))]^{\mathrm{T}} \tag{7.1}$$

式(7.1)给出了表示为 $\hat{\boldsymbol{F}}^{-1}$ 的修改矩阵,其中 $\boldsymbol{\delta}(n) = (a_1, a_{-1}, \cdots, a_n)$ 等于偏向某些列的加权向量。

对我们来说,δ_n 只能占据两个值,即最小值或最大值,这取决于对指定带宽的偏好。这两个值可通过预先设置表示为 $a_1 \rightarrow a_{\min}$ 和 $a_2 \rightarrow a_{\max}$。当

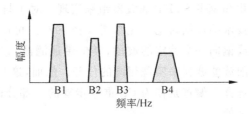

图 7.1 具有代表性的块稀疏频谱,表示为 B1～B4
注意,这些频段之外的任何频率都不是用户感兴趣的

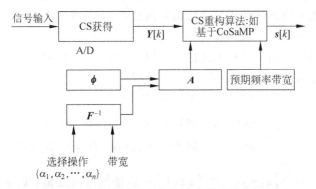

图 7.2 如何实现选择性频谱感测的系统框架

由压缩方式采样的量化信号 $y[k]$ 通过偏置矩阵 A 进行重建。重建算法既需要 A 又需要傅里叶逆矩阵 F^{-1} 的期望带宽,并且受输入参数 α 的影响,该参数可以取高值或低值,类似二进制处理。这与输入的感兴趣的带宽相结合,可以构造偏置傅里叶矩阵

元素相差不小于 100 时,这组极值是工作时最佳的,可以为 δ 分配以上两个值。在 CS 恢复时,为 δ 分配多个值将作为本研究未来工作的一部分进行处理。

假设存在一个频谱块稀疏的 $N \times 1$ 的系数向量 $s[k]$。为了简单起见,本书在矩阵运算中将 N 设置为 8,使导致 $\hat{F}^{-1}$ 加权的 DFT 矩阵服从式(7.1)。在恢复过程中,根据式(3.1),这将变为

$$Y = \Phi \hat{F}^{-1} s$$

7.3 仿真结果

本书的仿真工作探讨了两个关键方面:第一个是跨越宽频带(0～20 GHz)的信号的重建;第二个是在高噪声环境下,利用改进的均方误差(MSE),可以选择性地在宽频带内检测感兴趣的频带(GSM 信号上行频带)。

这两个仿真使用 4 种 CS 重建算法,即基追踪(basis pursuit,BP)、正交匹配追踪(orthogonal matching pursuit,OMP)、压缩采样匹配追踪(compressive sampling matching pursuit,CoSaMP)和基于模型的压缩采样匹配追踪(model based compressive sampling matching pursuit,MB-CoSaMP)。这些都可归类为迭代或贪婪算法(见 3.2 节)。仿真结果表明,与其他算法相比,使用 MB-CoSaMP 算法可以提高频谱估计能力。

7.3.1 仿真 1:宽带频谱重建

整个仿真过程考虑了一个具有宽频带支持的输入信号,该信号由 $M=9$ 个随机定位的非重叠载频 f_n 组成,带宽 B_n 为 0~50 MHz 并随着幅度的不同而变化。接收信号 $x(t)$ 是通过低于奈奎斯特频率的随机采样方式进行采样的。信号生成方法与文献[168]中的方法相近。

$$x(t) = \sum_{n=1}^{M} \sqrt{E_n} B_n \mathrm{sinc}[B_n(t-\Delta)]\cos[2\pi f_n(t-\Delta)] + w(t)$$

信号的建模是在频域内生成一个信号,该信号复制与矩形函数卷积的 M 个 delta 函数的卷积。信号模型包含一个 sinc 函数,定义为 $\mathrm{sinc}(t)=\dfrac{\sin(\pi t)}{\pi t}$。$\Delta$ 表示信号的时间延迟,同时也引入了相移,E_n 表示不同的接收功率。$w(t)$ 表示加性高斯白噪声(additive white Gaussian noise,AWGN),用于模拟仪器和信道噪声。在 T_s 整个采样周期内,接收功率 E_n 大小保持不变。由于信号带宽为 20 GHz,因此采样时间选择为 2 μs。与传统的奈奎斯特采样方法一样,这相当于 $2WT_s = 80\,000$ 个采样点(M)。但是通过利用 CS 重建技术(MB-CoSaMP)[19],采样点数(N)可以减少到远低于 80 000 个样点,并且具有高重建概率。

图 7.3 显示了利用文献[19]中的重建算法对产生的信号功率谱密度(power spectral density,PSD)和 CS 重建的功率谱密度的估计性能。用红色表示的 CS 重建信号表明,在高噪声环境(SNR=−2 dB)下,几乎所有活跃子带的输入信号的频谱信息都得到了很好的恢复。这一说法由归一化均方误差(normalized mean squared error,nMSE)证实,该误差小于 8.9×10^{-2}。对于大多数电子防御应用来说,这是可以接受的范围。但是重建信号的频谱幅度在估计时会引入少量偏移误差,而在频率估计中则不会。在低 SNR 环境(SNR≤0 dB)下,CS 重建频谱估计在频率和幅度方面会发生性能下降。

表 7.1 列出了用 4 种不同 CS 重建算法进行频谱估计的 nMSE 比较结果,突出了不同压缩比下误差的差异。压缩比表示为 M/N,其中 M 表示 CS 重建所需的样本数,而 N 表示信号采集按奈奎斯特准则所需的样本数。对于所有的压缩比,MB-CoSaMP 恢复算法的 nMSE 最低,这激发了它在选择性频谱感测中的应用,并为更好的恢复宽频谱带来了最大的希望。

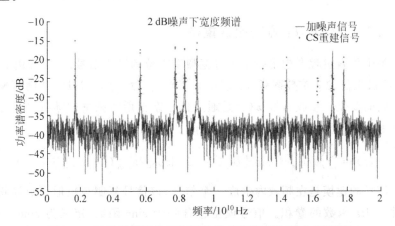

图 7.3 CS 重建算法和原始信号的功率谱密度(见文前彩图)

表 7.1 不同 CS 重建算法,nMSE 改变压缩比用于宽带输入信号的频谱估计

算 法	压缩比(M/N)		
	0.5	0.2	0.1
BP	0.0980	0.4195	0.4425
OMP	0.0949	0.1045	0.2530
CoSaMP	0.0960	0.1186	0.2510
MB-CoSaMP	0.0204	0.0458	0.0891

7.3.2 仿真 2:选择性频谱感知

对于选择性频谱感知的情况,本书考虑相同的宽带信号,并增加了 GSM 900 上行链路频带,该链路的载频为 898.5 MHz,带宽为 25 MHz。我们根据感兴趣的 GSM 频段,如式(7.1)中那样对矩阵 $\hat{F}$ 进行条件设定,并根据感兴趣的信号的带宽调整 MB-CoSaMP 算法中块稀疏的重建常数。

正如 3.2 节所述,有许多 CS 算法可以恢复稀疏频谱。在这种情况下,本书根据本章和 3.2 节定义的标准选择了 4 种算法,即 BP、OMP、CoSaMP 和基于模型的 CoSaMP,本书已经证明了在宽带应用中,性能最好的是基于模型的 CoSaMP。因此,本书重点研究使用该算法如何改善频谱恢复中的误差。其他算法用于提供比较结果和系统性能统计的度量。在相同结构下,图 7.4～图 7.6 详细显示了针对高、中或低 SNR 环境下的一对图形,其中图 7.4～图 7.6(a)展示了所有使用常规恢复重建算法的 nMSE,图 7.4～图 7.6(b)展示了选择性频谱感知方法在重建过程中的应用。

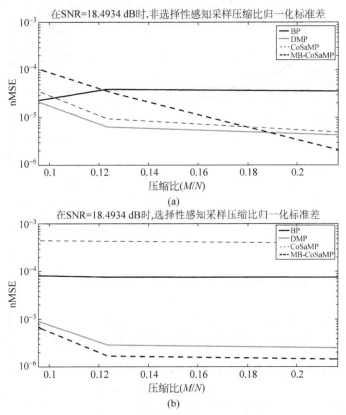

图 7.4 采样压缩比小于 0.2 时的归一化均方误差

如 7.2 节所述,对于高 SNR 环境(18 dB)下的比较图

(a)非选择性感知;(b)选择性感知

　　本研究在这些仿真中只考虑与所选感兴趣的 GSM 频段的重建信号相关的 nMSE,该信号构成宽带频谱即 0~20 GHz 的一部分,如 7.3 节所述。换句话说,从其他频率恢复频谱的任何误差都不会影响重建 CS 信号的 nMSE 最终值。对比图中所述的两幅图可以发现,不管 SNR 环境如何,当使用选择性频谱感知时,以采样压缩比为条件的归一化均方误差都得到了改善。如 7.2 节所述,这得到了更精确的估计。此外,通过在恢复过程中应用选择性频谱感知,可以在较高的 SNR 环境中改善鲁棒性(如图 7.4(b)、图 7.5(b)和图 7.6(b)所示)。

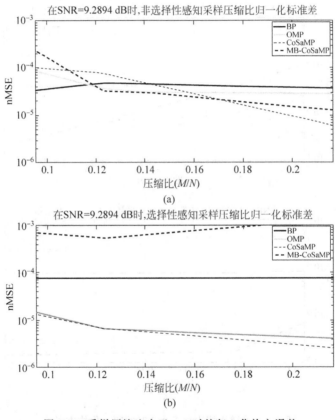

图 7.5　采样压缩比小于 0.2 时的归一化均方误差

如 7.2 节所述,对于中等 SNR 环境(9 dB)下的比较图

(a)非选择性感知;(b)选择性感知

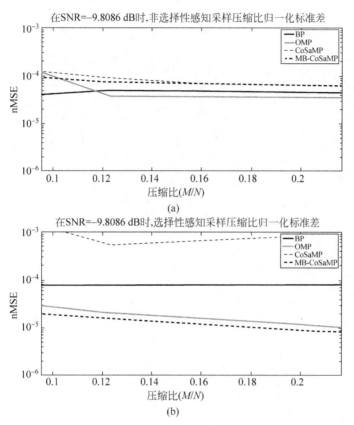

图 7.6　采样压缩比小于 0.2 时的归一化均方误差

如 7.2 节所述,对于低 SNR 环境(−9 dB)下的比较图

(a) 非选择性感知;(b) 选择性感知

第三部分

总结和附录

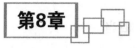

第8章

总 结

本书涵盖了电子防御行动的框架和当前电子支援接收机的系统需求，特别关注如何使用现有的接收机类型或体系结构实现压缩感知技术。更具体地说，本书确定了 ES 体系中可以实现 CS 的两个主要领域，即基于波达方向估计的通信和频谱感知，并研究了 CS 方法应用于这两个领域的有效性。

本章分别总结了这两个领域中 CS 方法的实现效果，然后对该方法在 ED 领域的可扩展性进行了简要讨论。

8.1 基于 DOA 的 CS

8.1.1 基于正交匹配追踪算法的相位精确恢复

在使用贪婪 CS 算法进行 CS 重构时，对于 0~5 dB 低信噪比和 3% 低压缩比的 2FSK 和 2PSK 输入信号，正交匹配追踪（OMP）均能提高 MVUE 相位恢复性能，因此本书认为 OMP 是用于 CS DOA 估计的最优 CS 贪婪算法。

8.1.2 基于 CS 重构的 2FSK 解调

将键控感知矩阵用于 CS 重构可进行 2FSK 解调，而 2PSK 则不可。若解调与正确进行二值判决（BIE）的检测概率对应，则要求 CR≥15% 并且 OMP 应可成功进行 CS 重构。使用 BIE 解调可以在低信噪比环境（SNR≥—5 dB）下进行。

8.1.3　CS DOA 的计算量和传统的 DOA 相当

对于 2FSK 和 2PSK 信号,在均匀线阵(uniform linear array,ULA)CS DOA 架构中使用 CS 重构与传统的 FFT 结构算法的计算量相当,在时间复杂度方面,只有当信号采样点数小于 1024 时计算量相当,这要求 CS 恢复样本有 1% 的 CR,并且采样满足 Nyquist 采样定理。

对于长度大于 1024 样本的 2PSK 和 2FSK,基于传统 FFT 结构的 DOA 估计方法的计算量更小,处理速度更快。因此对于较大的样本长度,CS DOA 估计比传统 DOA 估计方法计算量大。

8.1.4　低信噪比情况下 CS DOA 方法比传统的 DOA 方法精度高

在低信噪比(SNR≤2 dB)和 CR≥1% 时,对于 10 元均匀线阵(ULA$_{10}$)而言,CS DOA 比传统的 DOA 估计方法精度更高,2FSK 的改进因子 IF$_{max}$=16.2,2PSK 的改进因子 IF$_{max}$=13。在信噪比较高的情况下,CS DOA 估计和传统的 DOA 估计精度相当。

8.1.5　减少使用 CS DOA 估计所需的内存

对于决定 CS DOA 操作范围的各种参数,在满足系统充分运行的条件下,可从许多方面减少内存占用。针对 10 元均匀线阵 CS DOA 算法,为使用最少的内存,仅需要传统 DOA 估计方法中 Nyquist 采样点数的 1%。

CS DOA 估计算法使用较少的内存并不会降低 DOA 估计精度。事实上,在高信噪比情况下,其精度与传统的 DOA 估计方法相当,而在低信噪比情况下有所提升。

8.1.6　电子支援中 CS DOA 估计方法的可扩展性

2PSK 和 2FSK 两种调制类型在本书的 CS DOA 方法中有充分代表性。然而在目前的通信系统中,2PSK 和 2FSK 调制信号很少直接应用于 ES。选择这些数字调制类型的目的是使它们成为更复杂的数字调制方案的基础。因此,如果 CS DOA 在独立的 CS 应用中表现足够好,则值得朝高阶(N 阶)调制进一步发展。

目前,2FSK 在 ES 电子通信中的应用包括 GSM,蓝牙 1 和调频连续波雷达(frequency modulated continuous wave radar,FMCW),而 2PSK 的应用包括无线局域网标准(IEE 802.11b.1999 基本速率)和蓝牙 2。

在实际射频场景下的 ES 任务中,CS DOA 方法可以用于 GSM 应用,参见 6.4 节。此外,GSM 使用 GMSK 调制,可以描述为一个高频谱利用率和相干的 2FSK,仅需对 CS DOA 算法做最小改动。然而在实际应用中,同步、多址和其他信号特征将必须全面考虑。如果 TDMA 突发可以在 GSM 整个 25 MHz 带宽内实现载波同步,本书的 CS DOA 估计方法就可以在 180°范围内确定 992 个信道的方向,使用的是 ULA。

8.2　基于 CS 的频谱感知

作为宽带频谱感知方法,CS 选择性频谱感知可以在恶劣的信噪比下降低频谱恢复误差并降低计算量。需要强调的是,这只能通过使用频谱的先验知识来实现,这对于大多数的 ED 场景是可行的。正如本书之前所提出的,基于 CoSaMP 恢复算法的模型非常适合频谱感知的应用,与其他 CS 算法相比,能较好地重构宽带频谱。

8.3　后记

两种针对 ES 任务的 CS 实现都为 ES 接收系统带来了实际和系统性能的提升,当然它们是在特定的情况下实现的并且受制于特殊的条件。然而经过对文献进行补充,并基于 CS 方法在 ES 中的成功运用,本书展示了当前 CS 理论的可扩展性,并且我们相信作为一个新的信号处理工具,CS 的进一步研究可以提升 ED 系统的软、硬件性能。

第9章

附录: 一些有用的理论背景

9.1 电磁波

电磁场利用辐射在一定距离内传播编码能量(数据)的操作可以通过一个位于空间原点的源电磁辐射元件(天线)来实现[①]。各向同性的全向天线从这一点产生的信号以不断膨胀的球体的形式辐射到自由空间,然后与另一个谐振元件(接收天线)相互作用。这种场的扩展称为 EM 传播,为便于说明,具体原理如图 9.1 所示。

在距离发射天线相当一段距离处,球面波开始近似平面波,称为远场距离,以 m 为单位根据 $R_{\text{ff}} = \dfrac{2D^2}{\lambda}$ m 进行计算,其中 D 是天线孔径,λ 为波长。

根据这个远场距离,任意场的辐射电场可以用式(9.1)表示(单位: V/m):

$$\bar{E}(r,\theta,\phi) = [\hat{\boldsymbol{\theta}} F_\theta(\theta,\phi) + \hat{\boldsymbol{\phi}} F_\phi(\theta,\phi)] \frac{\mathrm{e}^{-\mathrm{j}k_0 r}}{r} \qquad (9.1)$$

其中,$\bar{E}$ 为电场;$\hat{\boldsymbol{\theta}}, \hat{\boldsymbol{\phi}}$ 为是球坐标系下的单位向量;$F_\theta(\theta,\phi), F_\phi(\theta,\phi)$ 是模式函数;r 为距原点的径向距离;$k_0 = 2\pi/\lambda$ 为自由空间传播常数;$\lambda = c/f = 3 \times 10^8/f$ 为波长,取决于频率(单位: Hz)。

换言之,根据式(9.1)中的横向电磁波方程可知,电场沿径向方向传播,其相位函数为 $\mathrm{e}^{-\mathrm{j}k_0 r}$,振幅为 $1/r$,极化方向为 θ 或 $\phi^{[143]}$。此外,根据麦克斯韦方程,我们知道任何传播的电场都有一个相关的磁场,可由式(9.1)求得,其中 H 和 E 分别表示磁场强度和电场强度:

---

① 理论工作的修改和来源主要源于文献[3]、文献[143]、文献[181]。想进一步了解详情,读者可查阅所列文献。

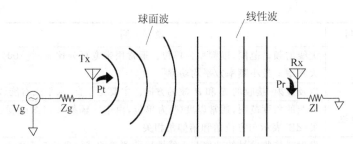

图 9.1 发射和接收系统都需要远场距离和传播动力学

作者根据文献[143]修改

$$H_\phi = \frac{E_\theta}{\eta_0} \tag{9.2}$$

$$H_\theta = \frac{E_\phi}{\eta_0} \tag{9.3}$$

其中，$\eta_0 = 377\ \Omega$，也被称为自由空间的波阻抗。此外，规定电磁场方向性的坡印亭矢量[80]（单位：W/m²）由电场强度和磁场强度矢量相乘得出，如式（9.4）所示：

$$S = E \times H \tag{9.4}$$

9.2 接收机组件：背景

9.2.1 天线

在所有 ES 接收系统中，其目的，即设计的接收系统需要执行多个任务，决定了哪个天线[1]将作为 RF 前端系统的一部分。这种期望的传播意图，在某种程度上，是安装启用各种 ES 系统单个或多个天线的原因。规定使用天线类型的要求由许多变量决定，这些变量称为天线性能参数，详见表 9.1，在选择天线时进行参考。天线的性能要求是广泛的，并且在天线设计文献中不断发展[14,95,181]。

表 9.1 典型使用的天线性能参数[1]

项 目	说 明
增益	信号强度的增加（通常用 dB 表示），因为信号通过天线从 EM 辐射转化为电压信号 $G = 4\pi A_{eff}/\lambda^2$
频率	天线可以接收或发送信号的频谱范围，同时提供所需的参数性能

续表

项　目	说　明
带宽	天线的频谱范围,以频率为单位。通常用带宽百分比表示[100%×(最大频率−最小频率)/平均功率]
极化	以及发射/接收的 E 和 H 波的方向。主要是垂直、水平或右旋、左旋
波束宽度	天线的角度范围,通常以度(°)为单位,由空间辐射方向图以度(°)和分贝(dB)表示与方位角和俯仰角相关
效率	发射或接收信号的功率与天线波束所覆盖的球体理论功率的百分比

大多数天线,无论其用途如何,都可以根据接收或发送信号的方向性进行分类[37],因此,天线可被定义为全向的或定向的。全向天线在球形或圆环辐射方向上具有相等的增益,从而可以从所有角度接收和(或)发射相等的信号强度[2]。类似地,定向天线根据天线的设计,将 EM 传播导向所需的特定方位。这种方向性允许沿视线方向获得更高的增益①(见图 9.2)。

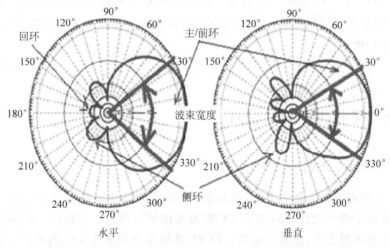

图 9.2　常见的辐射模式,在方位角(水平方向)和仰角(垂直方向)平面上[24]

随着应用和技术的迅速发展,各种类型的天线不断被开发出来。图 9.3详述了用于 ED 和 ES 系统的典型天线。尽管存在多种类型的天线,如前所述,应用决定了天线的选择。从应用角度来看,针对 ES 任务,如测向(direction finding,DF)和拦截,RF 接收大多使用具有高增益的全向天线。

对于 ES 系统给定特定的工作频率范围,即适用于本书应用的 VHF-

---

① 视线描述的是天线指向的方向。

UHF 频段，天线的选择变得简单。唯一满足此要求的天线是偶极、鞭状、环形、双锥形或十字形天线[1,156]，其中偶极、鞭状和环形天线具有较窄的宽带覆盖，而双锥形和十字形天线具有较大的带宽（见图 9.3）。前者天线更适合窄带信号的测向任务，后者则更适合 ES 应用的宽带频谱传感。

DF-ES 系统[60]最好选用双天线，因其具有尺寸小、全向性、带宽窄和相对高增益的特点（见图 9.4）。混合型全向宽带天线（如双锥形）被用作宽带天线，实现频谱感知和监测等任务。然而，当系统需要更大的增益或方向性时，有时需要增加一系列的对数周期偶极子阵列（log periodic dipole arrays，LPDAs）[142]。

9.2.2　射频前端系统

在射频电路中，天线和数字基带系统（中频，intermediate frequency，IF）之间的模拟部分被称为射频前端[39]。RF 前端是大多数 RF 接收机系统的第一阶段的标准配置，但不包含不将信号下变频[5]到 IF 的直接采样系统。在设计 ES RF 前端系统接收链时，该过程中使用的典型系统模块可以用超外差架构（SHA）的通用组件来准确描述，如图 9.5 所示。

近年来，在 RF 设计和处理领域已经取得了许多进步，例如，软件定义无线电（software defined radio，SDR）和软件无线电（software radio，SWR）的出现[177]。这些系统仍然依赖改进型的超外差架构来获取和量化 RF 信号。此外，由于 ADCs 的限制，大多数 SWR 应用仍无法实现。这种局限性表明 RF 前端系统非常重要，并且说明 RF 前端系统对大多数当前技术来说是不可分割的（见表 9.2）。

如图 9.5 所示，超外差收发器（super-heterodyne receiver，SHR）结构是前端系统的常见模型。它描述了实质上构成所有 RF 接收前端系统一部分的所有单个系统模块。源于 SHR 架构的 RF 前端系统有不同的混合形式，这归因于微波频段的扩展和电路的发展[157]。这种混合系统实现了多级混频、滤波器、放大[80]、通道化和滤波器组[58,97,125,178]。大多数改进都是为了改善 RF 接收和信号处理而做的，现在用于标准的片上封装制造[157]。

天线类型	模式	典型特征
偶极子	EI　Az	极化:圆极化 波束宽度:80°×360° 增益:2 dB 带宽:10% 频率范围:0~μW
单极子	EI　Az	极化:圆极化 波束宽度:45°×360° 增益:0 dB 带宽:10% 频率范围:HF~UHF
环状	EI　Az	极化:水平极化 波束宽度:80°×360° 增益:-2 dB 带宽:10% 频率范围:HF~UHF
简正模螺旋	EI　Az	极化:水平极化 波束宽度:45°×360° 增益:0 dB 带宽:10% 频率范围:HF~UHF
轴向模螺旋	Az&EI	极化:圆极化 波束宽度:50°×50° 增益:10 dB 带宽:70% 频率范围:UHF~低μ
双锥形	EI　Az	极化:垂直极化 波束宽度:20°×100° ×360° 增益:0~4 dB 带宽:4~1 频率范围:UHF~mmW
林登布列	EI　Az	极化:圆极化 波束宽度:80°×360° 增益:-1 dB 带宽:2~1 频率范围:UHF~μW
万字符	EI　Az	极化:水平极化 波束宽度:80°×360° 增益:-1 dB 带宽:2~1 频率范围:UHF~μW
八木	EI　Az	极化:水平极化 波束宽度:90°×50° 增益:5~15 dB 带宽:5% 频率范围:VHF~UHF
对数周期	EI　Az	极化:圆极化或水平极化 波束宽度:80°×60° 增益:6~8 dB 带宽:10~1 频率范围:HF~μW

天线类型	模式	典型特征
背腔螺旋	Az&EI	极化:R8L水平极化 波束宽度:60°×60° 增益:-15 dB(最小频率) +3 dB(最大频率) 带宽:9~1 频率范围:μW
圆锥螺旋	Az&EI	极化:圆极化 波束宽度:60°×60° 增益:5~8 dB 带宽:4~1 频率范围:UHF~μW
四臂圆锥螺旋	EI　Az	极化:圆极化 波束宽度:50°×360° 增益:0 dB 带宽:4~1 频率范围:UHF~μW
高阶模	EI　Az	极化:线极化 波束宽度:40°×40° 增益:5~10 dB 带宽:4~1 频率范围:VHF~mmW
极化高阶模	EI　Az	极化:圆极化 波束宽度:40°×40° 增益:4~10 dB 带宽:3~1 频率范围:μW
抛物面	Az&EI	极化:取决于馈送 波束宽度:0.5°×30° 增益:10~55 dB 带宽:取决于馈送 频率范围:UHF~μW
相控阵	EI　Az	极化:取决于阵子 波束宽度:0.5°×30° 增益:0~10 dB 带宽:取决于阵子 频率范围:VHF~μW

图 9.3　在 EW 应用中不同类型的天线及其各自的特性[1]

图 9.4　典型的战术测向天线,其频率范围为 20 MHz 至 3.6 GHz[142]

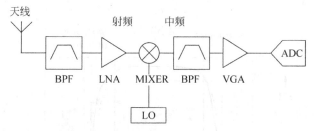

图 9.5　构成理论 RF 接收机的典型 RF 前端子系统的说明框图

BPF—带通滤波器；IF—中频；

LNA—低噪声放大器；VGA—可变增益放大器；

混频器(Mixer)—使用可调的本地振荡器(local oscillator,LO)；ADC—模数转换器

表 9.2　描述构成 RF 前端的最重要的系统模块

系统模块	说　　明
天线	形成将 EM 能量转换为电压的关键步骤
放大器	对低强度接收信号的人工制品应用增益(dB),以达到系统任务(识别、转换、检测)处理所需的功率水平
滤波器	通过偏置某些感兴趣的带宽执行必要的滤波
混频器	由于 RF 信号传播的频率较高,因此有必要将信号下变频为可管理的频率进行数字化处理,这是通过混频阶段完成的

9.2.2.1　滤波器

RF 前端系统中适用于 ES 的滤波器级执行以下任务：抑制不想要的

频带,衰减不需要的混频产物(见 9.2.2.3 节),设置接收机的 IF 带宽[157]。滤波器可以描述为双端口网络,通过仅允许通带内的频率传输来维持和控制 RF 系统中的频率响应[143]。如图 9.6 所示,定义滤波器频率响应的特性可分为 3 个指标点:通带、过渡带和阻带。

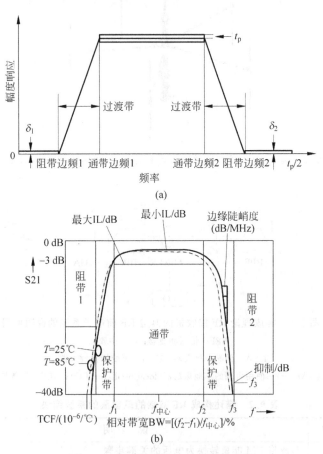

图 9.6　带通滤波器的典型频率响应

显示为设计过程的一部分,指示各自相应的频带;(a)中的波纹效应用 δ_p 和 δ_s 表示[74]

　　滤波器由分立的电阻、电感和电容网络组成,它们的作用是形成滤波器规格所需的频率响应。一些公开文献对新材料的使用、新型滤波器的设计和制造过程进行了广泛而详尽的介绍。但是,本书关心的是滤波器的工作参数,它们必须符合 ES 系统中 RF 接收机的要求。这些参数包括衰减、波纹强度、相位特性和过渡带滚降[157]。此外,通常在设计此类滤波器时使用的设计过程被称为在文献[143]和文献[151]中详细介绍的插入损耗法,并在图 9.7 中以系统块的方式显示。

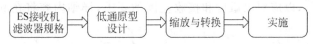

图 9.7 通过插入损耗法进行滤波器设计的系统处理框架[143]

9.2.2.2 放大器

RF 前端中的放大器执行至关重要的任务，即在感兴趣的信号（signal of interest，SOI）到达数字域进行进一步处理之前对其施加增益。从 20 世纪中期开始，这些系统在设计和实现方面已经进步良多[92]。

目前，大多数放大器使用三端固态器件，其中包括硅或硅锗双极结型晶体管（bibolar junction transistors，BJT），场效应晶体管（field effect transistors，FET），互补金属氧化物半导体（complimentary metal oxide semiconductors，CMOS）和高电子迁移率晶体管（high electron mobility transistors，HEMT）[66,80,181]。这些器件的放大器工作频率高达 100 GHz，从而提高了增益、动态范围和带宽性能[157]。

RF 和 IF 级放大器有时包含多个放大器[143]，它们协同工作以提高感兴趣频段的增益线性度[181]。如 9.2.3 节所述，RF 放大器（低噪声放大器，low noise amplifiers，LNAs）在滤波级后增加弱接收信号的功率，目的是增加发射信号相对于噪声的动态范围，从而补偿信号传播造成的损耗。像大多数侦察任务一样，由于噪声强度压制了信号内容导致信噪比相对较低（如小于-5 dB）[156]。采用不同的放大器设计来提高 SNR，从而使信号电平满足进行检测、识别和分类等操作的需求，并具有较高的置信度。

在放大器的设计阶段，需要参考某些操作参数以确保放大器所需的性能，请参见表 9.3。

表 9.3 构成 RF 前端的重要系统模块说明

名　　称	说　　明
噪声系数	衡量由于 RF 组件噪声影响实际信号噪声而导致的性能下降。主要由设备热噪声引起，并使用输入和输出 SNR 以 dB 为单位进行衡量
增益	加到输入信号上的放大倍数，以 dB 为单位。通常由输入和输出功率图来衡量
带宽	放大器工作的频带，以工作频率为中心。通常，放大器有有限的带宽，其中它们能够提供设计的增益。这个带宽由系统的稳定性确定，该系统的稳定性是使用稳定性圆和史密斯图计算出的，如文献[143]所述

在 ES 接收机中,典型放大器级①需要增益小于 60 dB,带宽大于 60 MHz[156],以应对灵敏度和接收范围的要求,详细内容将在 9.4.1 节中介绍。

9.2.2.3　混频器

混频器在接收机系统中用作变频器,建模为三端口器件,并有意利用二极管或晶体管的非线性特性来实现频率转换[181]。尽管起初看起来并不明显,但由于 ADC 技术的采样率限制不能与 RF 频率匹配,因此必须进行频率转换。实际上,不采用混频器而直接采样 RF 信号将需要两倍于接收信号最高频率的采样率[128]。然而事实证明,最近直接采样等技术的进步对于高达 2~5 GHz 的频率有效[167],消除了对混频器的需求。

传统的混频器依靠二极管来实现信号混频,但如今混频器主要依赖更有效、更可靠的固态器件,如场效应晶体管(field effect transistors, FETs)[66]。

如图 9.8 中的符号和功能模块所示,混频器接收 RF 信号(f_{RF})与本地振荡频率(f_{LO})信号卷积,从而生成一个输出信号(f_{IF}),该信号被称为中频信号,包括输入频率的和频与差频。

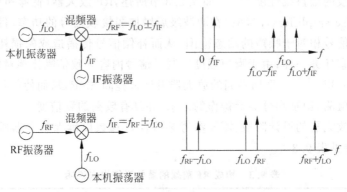

图 9.8　根据混频器实现的上变频和下变频频率图的最终输出[143]

混频器可根据所需的任务对信号进行上变频或下变频。遵循之前指定的符号,然后根据第一原理进行确定。考虑接收信号被下变频的情况。输入 RF 信号为

$$x_{RF}(t) = A\cos(2\pi f_{RF}t) \tag{9.5}$$

---

①　大多数放大器被制造成片上集成电路(IC's)[77]。这将重点放在选择组件而不是设计上。设计过程用于达到所需的系统规格。

并使用混频器在特定频率下用本地振荡器对其进行调制：

$$x_{LO}(t) = B\cos(2\pi f_{LO}t) \tag{9.6}$$

产生的输出信号是由各个输入信号的和频与差频确定的（在频域）中频输出。相反，对于频率上变频也是如此，但由于它主要用于发送，因此在接收链中没有被使用。

时域 下变频的混频时域表达式如下：

$$x_{IF}(t) = C\cos(2\pi f_{RF}t)\cos(2\pi f_{LO}t) \tag{9.7}$$

$$= \frac{C}{2}\{\cos[2\pi(f_{RF}+f_{LO})t] + \cos[2\pi(f_{RF}-f_{LO})t]\} \tag{9.8}$$

频域 下变频混频频域表达式如下：

$$X_{IF}(\omega) = K\pi\delta[(\omega-\omega_{RF})+(\omega+\omega_{RF})]\pi\delta[(\omega-\omega_{IF})+(\omega+\omega_{IF})]$$
$$\tag{9.9}$$

下变频在频率域中的影响如图 9.8 所示，并在式(9.9)中以数学方式详细说明。这种频域混频可以根据频率表示为输入的和与差，$f_{IF} = f_{RF} \pm f_{LO}$。这里，和被称为上边带（upper side band，USB），差被称为下边带（lower side band，LSB）。当进行下变换时，需要注意的是，LSB 和 USB 的频谱是守恒的，而在上变换时，LSB 是反向的[157]。

考虑到这一点，在 ES 接收机中，所需的 IF 输出将由差值 $f_{IF} = f_{RF} - f_{LO}$ 确定，可以使用合适的低通滤波器（low pass filter，LPF）提取该差值。

上面的推导在理想情况下适用。在实际系统中，混频器由于各个组件（如压控振荡器（voltage controlled oscillators，VCO））相关的非线性而产生很多干扰，从而引起有害的谐波及其影响[143]。对信号衰退的一些影响包括镜像频率、转换损耗、噪声系数增加、互调失真和隔离。

所有这些因素都导致了系统损耗、频率漂移和频谱异常，如果处理不当，可能会对接收机的效率产生不利影响。因此对于后期的信号处理阶段，减轻混频器的影响构成了关键的系统考虑因素。

9.2.3 无线电频率传播

在大多数情况下，用于 ES 活动的 RF 通信被限制在低于 300 GHz 的频段，表 9.4 列出了当前为 ED 目的定义的频段。需要注意的是，大多数战术通信操作主要发生在 HF、VHF 和 UHF 中，如今随着通信带宽的增加，在 SHF 频带中也是如此。图 9.9 详细说明了用于 ES 通信的典型通信链路、战术通信频段和传播模式。

众所周知,对于用于通信的不同频带,适用不同的传播属性[143]。较高频段(如大于 100 MHz)依靠发射器和接收机之间的视距传播,而较低的通信频段(如 HF)则可以利用传播现象,如表面波、反射波和大气波导[139],它们不受限于站点间的直线线路(但会增加接收的复杂性)。虽然较高频段通信受限于站点间的直线线路,但它们允许更高的通信带宽,从而实现更高的数据传输速率。

表 9.4 ED 域中定义的 RF 频段指定[156]

频　　段	波　　长	名　　称	指　　定
3~30 kHz	100~10km	very low frequency	VLF
30~300 kHz	10~1 km	low frequency	LF
0.3~3 MHz	1 km~100 m	medium frequency	MF
3~30 MHz	100~10 m	high frequency	HF
30~300 MHz	10~1 m	very high frequency	VHF
0.3~3 GHz	1~0.1 m	ultra high frequency	UHF
3~30 GHz	0.1~0.01 m	super high frequency	SHF
30~300 GHz	0.01~0.001 m	extra high frequency	EHF

注:这些频段的定义取决于域。

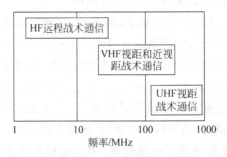

图 9.9 在 HF、VHF 和 UHF 频段进行 ED 战术通信的范围说明[2]

VHF 和 UHF 频段具有更可预测的优势,因此可以通过分析表达式[2]进行更准确的描述,并通过建模分析传播的影响。为了高于 100 MHz 的通信目的,这种传播效应包括:

(1) 反射(由于地面和(或)大型物体)——双向传播模型。

(2) 衍射(由于 EM 导电环境的边缘和角落)——刀刃传播模型。

(3) 散射(由于树叶或小物体)——自由空间传播模型。

(4) 衰减(由于大气事件,即不同形式的降水)——实验环境模型。

本书关注的是发生在高频段中的通信,即 VHF/UHF 通信。了解这些频带中的传播现象（功率要求、损耗测量和传播方式）是最重要的。因为大多数 ES 感兴趣的通信信号都在较高的通信频段上运行，因此本工作不包括对低通信频段（HF）动态传播的研究。

9.2.3.1　VHF/UHF 传播模式

传播理论涉及对环境建模的方法，通过环境建模建立一个沟通环节。如图 9.10 所示，假设在良好天气情况下采用视距（line-of-sight，LOS）链路，则在发射器（XMTR）和接收机（RCVR）之间建立通信链路。信号强度以 dBm（ED 应用中的典型符号）表示，是发射器处于特定的 dBm 级别，该电平被天线放大或仅以单位增益（0 dBm）从天线传播，称为发射的辐射功率（emitted radiated power，ERP）。

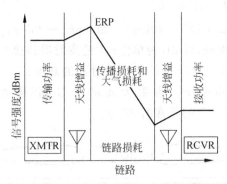

图 9.10　通信链路上的传播损耗说明，包括数据库图

EM 信号通过信道传播，在信道中由于与链路相关的扩散损耗和大气损耗而衰减。尽管这是对链路损耗的简单评估，但可以充分解释与传播相关的一般损耗，稍后将考虑其他更复杂的衰减形式。一旦在接收机天线上接收到信号，信号将再次被放大，然后以与发射器距离成比例的 dBm 级别进行处理。

自由空间传播

在这种情况下，模型中仅考虑了传播损耗，且反射路径最小[2]。这种损耗通常适用于高海拔通信，高频和窄波束宽度的天线[80]。下面以正常和对数形式表示了与自由空间传播相关的确定链路损耗的典型方程，也称为链路方程：

$$L = (4\pi)^2 d^2 / \lambda^2 \tag{9.10}$$

$$L = 32.44 + 20\log f + 20\log d \tag{9.11}$$

其中，L 是系统的损耗，以 dB 为单位；d 是发射器和接收机之间的距离；λ 是波长，由频率 $\lambda = c/f$ 计算。

式(9.11)中的 32.44 等于 $20\log(4\pi)$，实际上，当考虑自由空间传播损耗时，它的损耗与 $1/R^2$ 成正比。

双向传播

在这种情况下，通信链路附近存在大量的反射物体，通常地面反射会造成这些损耗的大部分[1]。这时，通常使用双向传播模型利用式(9.12)正确地建模损耗和增益。当发射器和接收机与地球表面靠近时，与该模型相关的损耗将会发生，这不包括大多数空对空和空对地的链路[156]。此外，在通信领域中描述大多数反射的通用术语被称为多径[143]。下面用两种形式详细说明损耗，即正常式(9.12)和对数式(9.13)形式。当处理地面反射损耗（多路径）时，总的传播损耗近似等于与 $1/R^4$ 成比例的损耗。

$$L = d^4/h_t^2 h_r^2 \tag{9.12}$$

$$L = 120 + 40\log d - 20\log h_t - 20\log h_r \tag{9.13}$$

其中，L 是系统的损耗，以 dB 为单位；d 是发射器和接收机之间的距离；λ 是波长，由频率 $\lambda = c/f$ 计算；h_t 是发射器的高度；h_r 是接收机的高度；120 等于与发射功率 P_t，发射天线增益 G_t 和接收天线增益 G_r — $\log P_t G_t G_r$ 相当于一个的通常的 dB 量。

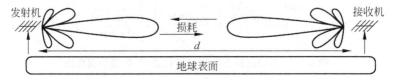

图 9.11　与自由空间模型有关的传播损耗

需注意，要使用此模型，发射器和接收机与地球表面高度相当[65]

在典型的 ED 场景中，最好确定使用哪种传播模型来接收和截获信号，这通常通过计算菲涅耳区①来完成。如果通信链路在此区域内，则要考虑自由空间传播损耗。如果在此边界之外，则使用双向传播损耗[1]。

ES 传播系统通常是为涉及大量已建立和潜在的拦截链路的动态场景而设计的。因此，使用的传播模型可以是自由空间、双向或刀刃传播，后一种模型涉及特殊的折射情况，与我们对于通信链路传播关注点不相关，因此仅在此处提及（见图 9.11 和图 9.12）。

---

①　菲涅耳区提供了一种计算发射电磁波何时到达接收机的方法，无论是同相还是异相，最终会影响信号的损耗或增益。在第一个菲涅耳区的路径长度相移为 0°~180°，在第二个菲涅耳区的路径长度相移为 180°~360°，可以使用公式 $F_n = \sqrt{\dfrac{n\lambda d_1 d_2}{d_1 + d_2}}$ 计算。

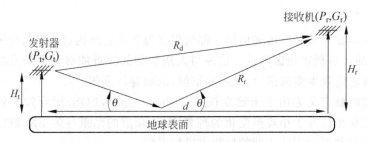

图 9.12 双向模型的传播损耗说明

图中，$P_R = |v|^2/z_0 = P_t G_t G_r \dfrac{h_t^2 h_r^2}{R_d^4}$ 和 $v \approx 2ck_0 h_t h_r \dfrac{e^{-jk_0 R_d}}{R_d^2}$，通常 H_t 和 H_r 是传播波长的倍数

9.2.3.2 衰减/传播损耗

根据 RF 设计原理[181] 的定义，衰减是信号在传播路径中所经历的传播损耗，从而导致信号功率降低。造成此类损耗的原因归于大气现象、降水和人造结构[2,143]，前者通常在使用较高频率的 ED 系统中起主要的作用，如空对地系统（卫星通信）和雷达预警系统（radar warning systems, RWR）[178]。

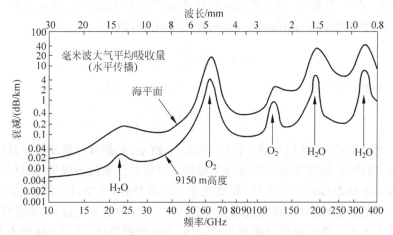

图 9.13 不同频段下（水平极化）每千米的传播损耗（以 dB 为单位）[151]

图 9.13 显示了不同频率下典型的大气对每千米传播的衰减，在低于 10 GHz 的工作频率下，传播损耗可以忽略不计。

由于本书关注的重点是 VHF-UHF 通信频段，人造结构的影响比大气衰减增加了更多显著的传播损耗，这称为衰落。

9.2.3.3 衰落

大多数移动和陆地通信场景都聚集在包含人造结构(建筑物、房屋和汽车等)的人口稠密地区附近。这种与人造结构的接近能够在通信发射器和接收机之间发生多次散射、反射和衍射,从而导致衰落[67]。

衰落被定义为由于未建立视距(light-of-sight,LOS)而导致发射信号的幅度和相位发生小规模变化的现象[36]。衰落的结果导致 EM 波的传播依赖反射和折射到达预期的接收点进行通信。

在描述无 LOS 的无线电信号传播的统计基础时,使用最广泛且最准确的模型是瑞利衰落模型[67]。该模型允许可行的 ES 系统补偿移动无线电链路、移动电话和战术 VHF 存在的损耗。瑞利衰落模型用于 ES 系统的以下情况(主要源于文献[67]):

(1) 城市防卫通信监视和测向以及无线电控制简易爆炸装置(radio controlled improvised explosive devices,RCIED)。

(2) 战术空对地连接,即机载平台(直升机)处于低海拔位置。

(3) 接收机天线嵌入无线电杂波中①,由其离地面太近引起。

式(9.14)和式(9.15)给出的统计模型描述了所涉及的衰落分布,在这两者中,CDF 更重要,因为它关系到超过给定值的可能性(见图 9.14)。

概率密度函数(probability density function,PDF)

$$P(x) = \frac{x}{\sigma^2} e\left(-\frac{x^2}{2\sigma^2}\right) \tag{9.14}$$

累积密度函数(cumulative density function,CDF)

$$F(x) = 1 - e\left(-\frac{x^2}{2\sigma^2}\right) \tag{9.15}$$

如前所述,传播信号的变化(如图 9.15 所示)根据其标准偏差 σ 进行量化,换句话说,使用瑞利模型可以将超出所需信号强度值的概率与该信号强度的标准偏差(以 dB 为单位)联系起来。在本书的 ES 中,典型值为 10 dB。

在给定的场景中,接收机至少需要 −80 dBm 的信号强度(灵敏度级别,参见 9.4.1.2 节),且传播模型指示 −70 dBm 的短扇区,从而在接收点产生 10 dBm 的余量和 0.9 的可用概率。

应该考虑到在 ES 接收机中衰减和衰落的影响,尽管衰减会影响传播损耗,但衰落在 ES 截获技术中更为普遍,因为其工作在低于 2 GHz 的通信频段中,传播损耗小于 0.02 dB/km。多路径和衰落会引起相位和幅度的变

---

① 无线电杂波是一个术语,归因于结构,影响无线电传播并产生虚假的散射信号。

化，从而使 ES 接收机的任务恶化，如检测和测向。

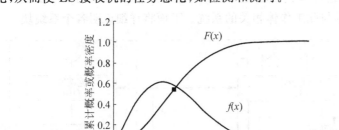

图 9.14　$\sigma=1$ 的瑞利概率密度函数 $f(x)$ 和累积密度函数 $F(x)$[65]

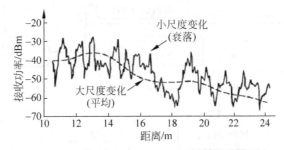

图 9.15　典型接收机的接收功率与发射器的距离关系
显示小尺度衰落效应和大尺度变化[143]

对 ES 接收机任务的典型衰落影响可总结如下：

（1）衰落的影响导致调制方案误码率增加。

（2）由于没有视距，由多路径、散射、反射和折射引起的相位模糊会降低 ES 系统确定 RF 传输源方向的能力[149]。

9.3　典型的电子防御系统配置

一个典型的 ED 系统并不作为一个独立的系统存在，独立系统可以在 ED 系统应用的所有实现中进行标准化，相反，ED 系统的目标决定着什么是必要的，什么是多余的。换句话说，如果该系统唯一的目的是截获通信传输，则由于其冗余性，ED 系统将保留接收机模块而删除发射器模块。但是，从概述的角度来看，本书不仅包含特定用途的系统模块，还列举了基本的系统模块来描述整个系统链。

ED 系统链如图 9.16 所示，在整个讨论过程中将人们的关注点放在

ED 系统中特定组件及其目的上,尤其是针对通信信号目的的 ES 拦截系统。虚线框表示与此工作体相关的系统。下面将详细说明各个系统块。

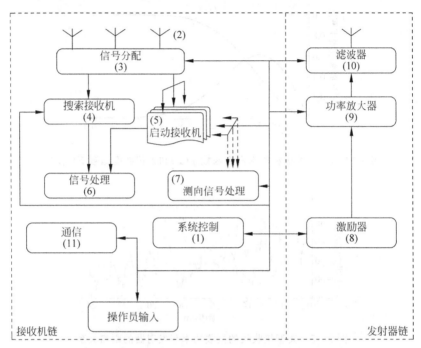

图 9.16　典型 ED 系统实现中操作功能的差异(按模块划分)

左方框表示接收机组件,右方框表示发射器组件(作者参考文献[3]并修改)

(1)系统控制:此类系统的部署需要一个中央集线器,以确保所有子系统协调一致并同步执行操作任务[157]。此外,控制系统的操作通常使用一台和(或)几台计算机来执行。这些计算机可以是独立的,也可以是通过网络通信的分布式的。

(2)天线:根据电磁学理论①,我们凭经验知道天线是一种导电的谐振材料,通过将 EM 能量转换为可以处理和解释的电信号,在无边界介质中提取和促进电磁能的传播[81]。为实现 ED 天线的目的,可以通过传播介质(空气、自由空间)传输信号,从而完成诸如拦截、测向和干扰(使用高增益天线)等任务,详细信息可参考 9.2.1 节。

(3)信号分配:无论 ED 系统大小如何,都必须具有一个分离元件,以允许将信号分配到多个接收机。信号分配器放置在天线和接收机系统之

---

① J. C. Maxwell 完成基础工作[111]。与这项工作相关的场方程可以在附录中找到。

间,典型阻抗为 50 Ω,需要一个严格校准的阻抗来匹配[181]。这种匹配是为了减少分离信号通道间的失真,并确保不同接收机在各自的接收系统上接收到关于增益、幅度和相位相同的信号。

(4)搜索接收机：该系统块虽然是通用的,但对于在 ED 接收链中收集频谱情报至关重要,特别是用于搜索 RF 频谱,表征和分类 EM-RF 能量源[48]。构成该模块重要部分并加上信号接收的系统包括 LNA、模拟滤波器和混频器。这些接收机和子系统的进一步讨论将在 9.4 节中进行详细说明。

(5)启动接收机：这些系统有时与搜索接收机的输出数据结合使用,用于信号的长期分析,其中包括信号的测量参数,以便操作员进行分析。实际上,这些接收机通常使用包括一个信道化滤波器组的搜索接收机 RF 前端,以便预先选择感兴趣的频段,将其传递给操作员。

(6)信号处理：实际上在现代环境中,这是大多数计算密集型任务发生的地方。如 2.2.3 节所述,ED 使用的首要任务是提取可用的信息,包括频率和带宽、信号能量、调制类型和数字通信信号的波特率。其次,该信息被相应地用于检测、识别和分类信号。此模块使用的技术包括高速模数转换、数字滤波、DSP 模块和信号转换(如快速傅里叶变换-FFT,沃尔什哈达玛变换-WHT 等)。

(7)测向信号处理：测向系统的工作原理是,每个电磁波从辐射源通过可在另一点接收到的介质沿特定方向传播[60]。使用正确定向的多天线 DF 接收机,系统可以借助估计算法[176]来估计信号的到达角度。

(8)激励器：激励器只是一个简单的 RF 信号发生器,用于调制生成的信号。如前所述,这些系统通常用于 EA,RF 系统的目的是干扰通信系统。干扰通常通过在 RF 通道上产生和发射随机噪声来实现的(对大多数通信信号是有效的),或者对调制方式(如频移键控)有效的音调干扰[3]。

(9)功率放大器：尽管放大器是接收机系统的一部分,用于 ES 目的(见图 9.16 中的左侧方框模块),但在涉及 EA 任务时,这些功率放大器将相对较弱的信号(通常为 0 dBm)转换为能量更大的信号传输。对于干扰 EA 任务,向上转换并通过天线发送的信号可以达到数千瓦(通常为 1 kW)。该系统的问题包括转换效率、频率覆盖范围、频谱纯度和泄漏[3]。

(10)滤波器：滤波器用于与 ED 相关的大多数任务。对于 ES 系统,滤波器对输入信号进行操作来定义感兴趣的带宽,或用于通过带通滤波器扫描大带宽以进行拦截任务。对于 EA 任务,过滤器放置在天线之前作为预防措施,以减少由于功率放大器虚假特性而导致 RF 损坏友好接收机系统的可能性[1]。

（11）通信：该子系统可分为两个主要的操作任务，即外部数据发送到接收机和将接收到的数据报告发送给操作员[3]。通常这些任务不会影响整个系统的性能，但是它在远程位置指导（命令和控制）ED 系统的目标时起着重要的作用。

9.4　电子支援接收机系统

在 ED 任务中，通信信号的接收和处理主要由 ES 接收机处理[178]。但是这些接收机除通信信号外还能支持其他类型的信号接收和处理。

ES 接收机系统目前对有效拦截通信的需求，要求其超越单个常规系统的复杂程度[42]。现代 ES 接收机需要结合许多紧密集成的子系统，这些子系统执行不同的任务且具有高数据速率吞吐量[178]。如图 9.17 所示，一种典型的 ES 接收机体系结构突出显示了组成 ES 接收机的子系统（DF 任务、频谱监测、频率测量）的数量。

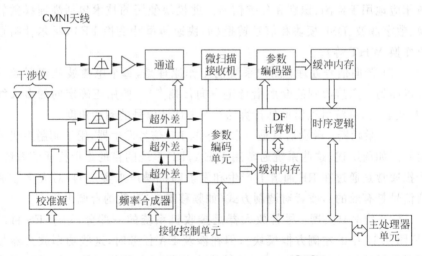

图 9.17　典型的 ES 接收机体系结构[178]

当开发要使用 ES 接收机体系结构实现的技术时，这种接收机的性能是重要的考虑因素。尽管当前有关 ES 接收机组件和系统设计、实现和使用的文献很全面①，但出于本书的目的，将着重对运行参数进行回顾。

---

① 有关 ES 接收机设计和技术规范的文献，在相关工作中有更深入的介绍[39,48,178,181]。

9.4.1 ES 接收机特性

当表征接收机在环境中工作时,动态范围、灵敏度水平和信噪比值是在设计用于实现所需信号检测能力的信号处理技术时要考虑的关键参数[178]。这些参数提供了对操作能力的洞察力,并提供了设计和选择接收机的方法,以提高接收弱信号的检测概率(见图 9.18)。

9.4.1.1 动态范围

简单来说,动态范围是指接收到的输入信号的范围,也可以解释为能够实时(瞬时)处理的信号最强和最弱振幅之间的差异[107]。然而实际上,动态范围仍是需要测量的参数,而不是根据理论计算来估计的参数。ES 接收机中的动态范围主要由系统中放大器的操作来确定,除了某些组件外,如 ADC 动态范围。然而需要注意的是,这种动态范围通常是相对于输出功率级别来定义的。动态范围的下限由灵敏度级别(可以处理的最小值)指定,上限由 1 dB 的压缩点[178](放大器开始遵循非线性特性的点)指定。ES 接收机的典型值为 50~90 dB,具体取决于接收机的类型[37]①。

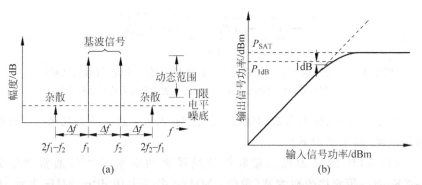

图 9.18 频域中关于幅度的动态范围图(a)和 1 dB 压缩点表示图(b)(摘自文献[174])

9.4.1.2 灵敏度等级

接收机灵敏度被定义为接收机输入端检测和(或)处理所需信号时需要的最小信号功率[178]。这一要求提供了对接收机在弱信号条件下从伴随噪声中区分出感兴趣信号的能力的洞察。但是所需的灵敏度是一个宽松的术语,不适用于一般的 RF 场景,例如,在处理调制信号时,就载波频率而言需要较大的 SNR 值。

---

① 有关接收机类型的更多详细信息,参见 9.4.3 节。

在 ED 领域定义系统链中接收机灵敏度的级别被认为是一种很好的做法。这些灵敏度级别如图 9.19 所示,具有两种不同的灵敏度定义,在包括与电缆、耦合和放大器相关的损耗之后,正确值由接收机输入端的灵敏度确定。但是确实存在一些特殊情况,由于天线和接收机之间的复杂关系,灵敏度可以用不同的方式定义,如用电场强度(μV/m)而不是对数(dB)[139]。测向任务是这些例外之一,通常需要从 μV/m 到 dB 转换,下面用 P 表示信号强度(单位:dB);E 为电场强度(单位:μV/m);F 为频率(单位:MHz):

$$P = -77 + 20\log E - 20\log F \tag{9.16}$$

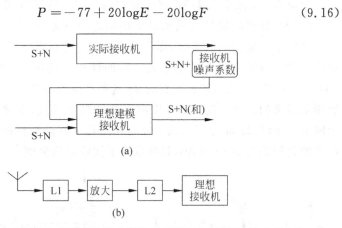

图 9.19　在 ED 领域定义的系统链中接收机灵敏度的级别(摘自文献[1])

(a) 与灵敏度有关的不同定义;(b) 考虑了理想接收机灵敏度之前的损耗

由于热噪声、噪声系数和信噪比的影响,无法通过系统损耗来确定接收机灵敏度,其定义如下。

(1) kTB,定义为理想接收机的热噪声功率水平[156],通常规定为 290 K,有一恒定接收机带宽(单位:MHz),名义上用 dBm/MHz 表示,其中共同值 kTB=-114 dBm/MHz,以下值成立:

① k,玻耳兹曼常数(1.38×10^{-23} J/K)。

② T,工作温度,单位为 K。

③ B,接收机的有效带宽。

考虑一个有效带宽为 10 MHz 的接收机,正确的热噪声将对应于 kTB=-114 dBm/MHz+10 dB=-104 dBm。

(2) 噪声系数(noise figure,NF),由文献[1]定义的实际噪声每 kTB 的噪声比,必须将其增加到理想的无噪声接收机中,来产生输出中存在的实际噪声。换句话说,就接收机输入而言,这是接收机添加到接收信号的热噪声。

接收机系统中的每个组件都有其特定的噪声系数,该系数由制造商确定。但是,在确定接收机系统参数规格时,必须包括和模拟整个系统的NF,因为灵敏度水平依赖整个系统(天线、有损电缆、放大器和配电网络),而不仅仅是简单的接收机灵敏度等级。在确定系统的整个 NF 时,计算所得的值可以表示为

$$NF = L_1 + N_p + D \tag{9.17}$$

其中,L_1 包含前置放大器的全部损耗;N_p 是前置放大器噪声系数;D 由图 9.20 中的曲线确定。在非 dB 形式下,噪声系数也可以表示为

$$F_0 = \left[\frac{S_{in}/N_{in}}{S_{out}/N_{out}}\right] \tag{9.18}$$

接收机系统噪声系数的典型值为 8～10 dB[2]。

(3)信噪比,当确定和定义灵敏度时,SNR 是比 kTB 和(或)NF 更要考虑的重要值。在 ED 灵敏度信号处理场景中,SNR 定义为

$$SNR = 10\log\left(\frac{S_{output}}{N_{output}}\right)_{min} \tag{9.19}$$

式(9.19)表示接收机在以高概率执行检测时仍可以工作的最小信噪比。随后在这种情况下,灵敏度(最小可检测信号)可根据式(9.20)标准形式计算:

$$S_{min} = Sensitivity = kTBF_0\left(\frac{S_o}{N_o}\right)_{min} \tag{9.20}$$

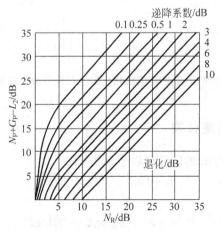

图 9.20 用于确定系统降级的图,在式(9.17)中标记为 D

前置放大器 NF(N_p)、前置放大器增益(G_p)和接收机之前的损耗(l_2)之和与接收机 NF(N_R)的交点确定降级值,从而可以计算系统噪声系数[1]。

以具有给定参数来计算灵敏度的场景为例,系统灵敏度可以通过式(9.21)和式(9.22)用 dB 形式表示:

$$kTB + NF + 所需\ SNR = \tag{9.21}$$
$$(-114\ dBm + 10\ dB) + 10\ dB + 20\ dB = -74\ dBm \tag{9.22}$$

值得注意的是,接收机所需的最小 SNR 高度依赖需要执行的任务。当信息被调制到接收信号上时,需要更高的 SNR 值。这种形式的 SNR 即为我们所知的预检测 SNR,称为 RF SNR 或载波信噪比(carrier-to-noise ratio,CNR)[107]。大多数情况下,信号的 SNR 高于 RF SNR。

在考虑频率调制(frequency modulation,FM)的情况下,接收机灵敏度由接收功率水平以及调制特性决定。因此在确定调制信号的 SNR 时,需要考虑两点:首先,在大多数 ED 系统中,RF SNR 近似为 12 dB[1];其次,如果 RF SNR 高于此阈值,则 FM 改善因子保持不变。以 dB 为单位,该改善因子等于 $IF_{FM} = 5 + 20lg\beta$,其中 β 是调制指数。因此,FM 信号的 SNR 可以表示为

$$SNR = RF\ SNR + IF_{FM} \tag{9.23}$$

有了上述的灵敏度参数,就可以谨慎地了解与大多数 ES 接收机相关的常见工作灵敏度。这些灵敏度值通常取决于所用接收机的类型(参见 9.4.3 节),其范围为 $-90 \sim -50$ dBm,对于如测向文献[37]之类的任务,理想灵敏度最好高于 70 dB,如图 9.21 所示。

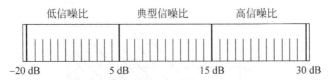

图 9.21　针对 ED 场景考虑的 SNR 值的频谱以及与信号分类相关的典型值显示图[151]

9.4.2　灵敏度转换

从 dBm 到 $\mu V/m$ 的转换可以表示为[1]

$$E = 10^{(P+77+20\log[F])/20} \tag{9.24}$$

反之则为

$$P = -77 + 20\log E - 20\log F \tag{9.25}$$

这些计算式基于接收点的发射功率和天线增益,分别为

$$P = \frac{E^2 A}{Z_0} \tag{9.26}$$

$$A = \frac{Gc^2}{4\pi F^2} \tag{9.27}$$

其中，P 为信号强度（单位：W）；E 为电场强度（单位：V/m）；A 为天线面积（单位：m^2）；Z_0 是自由空间阻抗（$120\pi\ \Omega$）；G 是天线增益（各向同性天线，值为 1）；c 是光速（值为 3×10^8 m/s）；F 为频率（单位：Hz）。

考虑到灵敏度的定义，必须确定接收机的有效范围，以便衡量接收机能够在截获任务中工作的物理距离。

在指定 ES 接收机时，需要考虑各种参数来计算一定范围内的有效距离，包括传播损耗（L_s）、灵敏度（等于接收功率 P_R，但称为 S_R）、发射功率（P_T）、传输增益（G_T）、接收增益（G_R）和扩展损耗（L_s）[1]，如图 9.22 所示。简单来说，可以通过求解式（9.28）和式（9.29）（此处以 dB 形式表示）来确定有效范围：

$$S_R = P_T + G_T - L_s + G_R \tag{9.28}$$

其中，

$$L_s = -32.4 - 20\log F - 20\log d \tag{9.29}$$

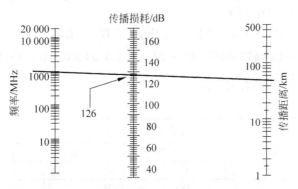

图 9.22 利用列线图来确定给定距离下 1000 MHz 频率的传播损耗[2]

作为描述实际操作中有效接收机参数的一种方法，请考虑与本工作相关的两种情况：假设 ES 接收机有两个不同的灵敏度级别，-75 dBm 和 -80 dBm。

场景 1：确定从 1800 MHz 的下行链路塔式传输中拦截一个 GSM 信号的有效范围。

场景 2：确定从 900 MHz 手机的上行链路传输中拦截 GSM 信号的有

---

① 扩展损耗可以由图 9.22 的列线图确定，或者利用等于上述 L_s 的式（9.11）计算。

效范围。

下面是根据式(9.28)中的表达式列出的有效范围。

计算步骤场景1：

说　　明	符　　号	值	参考文献
传输功率	P_T	15 W	[154]
传输增益	P_T	10 dB	[37]
传输频率	F	1800 MHz	[143]
接收的增益(全向天线)	G_R	0 dBi	[142]
灵敏度	L_S	−75 dBm；−80 dBm	[37]
有效范围	d	km	

灵敏度=−75 dBm

$$20\log d = P_T + G_T - 32.4 - 20\log F + G_R - L_S \tag{9.30}$$

$$20\log d = 10\log 15\,000 + 10 - 32.4 - 20\log 1800 + 0 - (-75) \tag{9.31}$$

$$d = 10^{\left(\frac{29.25}{20}\right)} = 29.02 \tag{9.32}$$

灵敏度=−80 dBm

$$20\log d = P_T + G_T - 32.4 - 20\log F + G_R - L_S \tag{9.33}$$

$$20\log d = 10\log 15\,000 + 10 - 32.4 - 20\log 1800 + 0 - (-80) \tag{9.34}$$

$$d = 10^{\left(\frac{34.25}{20}\right)} = 51.61 \tag{9.35}$$

计算步骤场景2：

说　　明	符　　号	值	参考文献
传输功率	P_T	2 W	[154]
传输增益	G_T	0 dB	[37]
传输频率	F	900 MHz	[143]
接收的增益(全向天线)	G_R	0 dBi	[142]
灵敏度	L_S	−75 dBm；−80 dBm	[37]
有效范围	d	km	

灵敏度=−75 dBm

$$20\log d = P_T + G_T - 32.4 - 20\log F + G_R - L_S \tag{9.36}$$

$$20\log d = 10\log 2000 + 10 - 32.4 - 20\log 900 + 0 - (-75) \tag{9.37}$$

$$d = 10^{\left(\frac{29.25}{20}\right)} = 6.7 \tag{9.38}$$

灵敏度=−80 dBm

$$20\log d = P_{\mathrm{T}} + G_{\mathrm{T}} - 32.4 - 20\log F + G_{\mathrm{R}} - L_{\mathrm{S}} \tag{9.39}$$

$$20\log d = 10\log 2000 + 10 - 32.4 - 20\log 900 + 0 - (-80) \tag{9.40}$$

$$d = 10^{\left(\frac{34.25}{20}\right)} = 12 \tag{9.41}$$

这些值提供了一个近似范围，其中 ES 接收机具有拦截此类信号的潜力，并能够洞察灵敏度和拦截能力之间的关系。

9.4.3 ES 接收机类型

顺便介绍一下，除接收机特性外，任何接收机的能力都高度取决于接收机的类型，特别是用于电子防御目的的 ES 接收机[37]。从设计来说，ES 接收机必须在多个矛盾的需求之间进行系统权衡，因为当使用单个接收机体系结构时，太多的场景无法以最佳的性能同时执行所有 ES 任务。因此，需要专用的设备、技术和方法，从而导致当今存在各种各样的 ES 接收机（见表 9.5）。

表 9.5 与 ES 接收机的重要系统特性相关的典型值范围总结

特　　性	典型值范围
最大分析瞬时带宽/GHz	0.05～2
RF 范围/GHz	0.01～60
动态范围/dB	40～90
灵敏度/dBm	−70～−90
频率分辨率/MHz	0.5～500
最小功率/W	60～200

注：当考虑要在此类架构上实现信号处理任务时，这很有价值（作者参考文献[116]并进行修改）。

审查不同的 ES 接收机类型至关重要。每种接收机的功能都可以帮助了解在不同的接收机平台上实施新的或新颖的 DSP 技术（压缩感知等）的方法。执行参数可总结如下：

（1）接收机灵活性（可重新配置型）。

（2）计算性能。

（3）频率分辨率。

（4）数据速率。

（5）易于集成。

（6）涉及每个接收机的成本。

考虑所有这些参数以试图确定最合适的接收机类型，以利用和（或）考虑本工作的目的。因此，表 9.6 和表 9.7 中各种接收机的特性充分利用了这种确定方法。

表 9.6　与不同类型的 ES 接收机相关的典型特征[1]

接收机类型	一般特征
宽带晶体视频	宽带瞬时覆盖；低灵敏度，无选择性；主要用于脉冲信号
调谐 RF 晶体视频	与晶体视频类似，不同的是，提供频率隔离和更高的灵敏度
IFM	覆盖范围、灵敏度和选择性类似于晶体视频；测量接收信号的频率
超外差式宽带	最常见的接收机类型；良好的选择性和灵敏度
超外差式窄带	良好的选择性和灵敏度；专用于一个信号
信道	将选择性和灵敏度与宽带覆盖相结合
微波扫描/压缩	提供频率隔离；测量频率；不解调
数字	高灵活性；可以处理有未知参数的信号

　　本节回顾了通常用于 ES 用途的各种接收机类型并作了简单比较。表 9.7 是一些常见 ES 接收机一般特性的摘要，表 9.6 提供了每种接收机类型的定性能力的摘要。此外，为了方便读者，表 9.7 还详细列出了定性能力的综合信息。

表 9.7　汇总的接收机定性功能的详细信息表

接收机类型	接收机定性功能								
	测量频率	选择性	灵敏度	动态范围	多种信号	频率覆盖	解调	POI	损耗
晶体视频	N	P	P	G	N	G	G	Y	L
TRF	Y	M	P	G	Y	G	P	Y	L/M
IFM	Y	P	P	M	N	G	G	N	M
超外差宽带	Y	G	G	G	Y	G	P	Y	M/H
超外差窄带	Y	G	G	G	Y	P	P	Y	M/H
信道化	Y	G	G	G	Y	G	G	Y	H
微波扫描	Y	G	G	G	G	G	N	N	M/H
数字	Y	G	G	G	Y	G	M	Y	H

　　注：关键字 G 表示好，M 表示中等，P 表示差，H 表示高，L 表示低，Y 表示是，N 表示否。

9.4.3.1　晶体管视频接收机

　　这种接收机类型提供了一种简单而又经济的方式，可以进行瞬时检测，同时使用廉价的技术。该接收机包括一个带通滤波器和前置放大器电路，然后是一个晶体（二极管）检测器，接下来是一个具有视频带信号作为输出的视频放大器。

二极管检测器电路在平方率①区域[2]中以足够低的功率工作。与这种接收机相关的好处是技术简单，花费更少，在宽频率范围内，瞬时检测和截获概率(probability of interception,POI)高[178]。缺点是无频率分辨率，灵敏度差，同时信号性能差[37]。这些接收机通常用于雷达预警接收机(radar warning receivers,RWRs)，因此，这种接收机类型不足以适用于本书的工作，如图 9.23 所示。

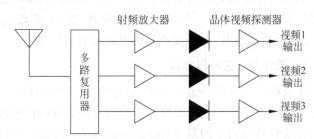

图 9.23　晶体视频接收机的典型拓扑图

9.4.3.2　调谐 RF 接收机

调谐 RF 接收机类型与前面提到的宽带地壳视频接收机具有相似的体系结构，但在 RF 早期，该接收机利用 YIG 滤波器和振荡器在特定频率上隔离感兴趣的信号。因此，虽然灵敏度提高了，但响应时间仍然很慢，且 POI 也很差[178]。随着接收机技术的进步，这种类型的接收机在很大程度上已被超外差式接收机[1]取代。如今，在混合场景中，可选用调谐 RF 接收机进行 RWR 和频率测量[37]。

9.4.3.3　瞬时频率测量接收机

顾名思义，瞬时频率测量(instantaneous frequency measurement, IFM)接收机测量接收信号的频率。接收的信号通过一条延时线分成两个信号路径，如图 9.24 所示。一条信号路径具有恒定的延迟时间 τ，这产生了频率相关的相位差 θ[178]，而另一条信号路径保持不变。

图 9.24　常见的 IFM 接收机示意[37]

---

① 输出是一个依赖输入功率而不是信号电压的函数。

IFM 接收机利用这种关系,通过测量两个信号间的相位差,从而使用表达式 $\theta = 2\pi f_0 \tau$ 来推断频率。最后,该频率推断被数字化,并传递产生一个直接的数字频率读数。

预放大的 IFM 接收机具有与晶体视频接收机相同的灵敏度,但动态范围较小。IFM 接收机的优点是它们相对简单和紧凑,具有改进的频率分辨率和高瞬时 POI。伴随的缺点包括对于某些 ED 场景灵敏度不足,因此,无法使用密集的信号环境[37,139,178]。但是,在舰载 ES、干扰器电源管理和 SIGINT 设备中也存在使用 IFM 接收机的某些场景或环境[37]。

9.4.3.4　超外差:宽带和窄带

超外差接收机是当前使用最广泛的接收机之一[143],即超(较高)和外差(线性移位)共同描述此接收机的操作。它通过固定和(或)可调振荡器将接收到的信号线性移位到中间频率(intermediate frequency,IF),这种技术称为混频,见 9.2.2.3 节。此外,其他频率混叠的隔离是通过带通滤波器实现的,如图 9.6 所示,其中的方框图说明了这种接收机的结构。

这些接收机可以利用宽带带通滤波器来实现 RF 频谱宽带宽的监视和搜索任务,或者利用窄带带通滤波器以更高的频率分辨率和灵敏度隔离被分析的频谱的一小部分。这种方法的有用之处在于能够灵活控制以锯齿状方式变化的本地振荡器[178],从而以响应时间为代价提供频谱的扫描能力(见图 9.24、图 9.25 和图 9.26)。

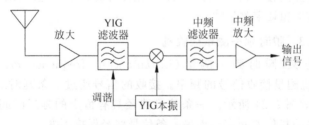

图 9.25　窄带超外差接收机布局[116]

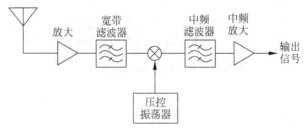

图 9.26　宽带超外差接收机布局[116]

两种类型的超外差接收机都用于 SIGINT 设备、空中（战术空中预警）、舰载 ES 和混合接收机系统的分析系统中，优、缺点对比如表 9.8 所示。

表 9.8 宽带超外差和窄带超外差优、缺点对比

	宽带超外差	窄带超外差
优势	改善了对威胁的响应时间和拦截概率	高灵敏度、提高频率分辨率、无同步信号干扰
缺点	与窄带信号相比，具有更高的杂散信号产生概率和更低的灵敏度	响应时间慢、POI 不足且受频率捷变信号的影响

9.4.3.5 信道化接收机

信道化接收机被广泛认为是用于 ES 任务的理想接收机类型之一。其广泛采用的技术是每个通道都有大量连续的带通滤波器[178]，顾名思义，它通过功率分配器或多路复用器将 RF 带宽信道化（划分）为各个子带，从而通过固定调谐接收机（fixed funed receiver，FTR）对来自每个信道的信号进行放大、滤波和数字化，如图 9.27 所示。这些 FTRs 通常由表面声波（surface asoustic wave，SAW）设备组成[107]，但近年来，人们更倾向使用窄带超外差接收机和其他小型化技术[1]。信道化接收机的典型实现是利用 10~20 个 TRF 信道覆盖 10%~20% 的 RF 范围，再加上计算机控制的可切换频率转换器，可以 100% 覆盖整个所需的 EW RF 频谱[2]，优、缺点对比如表 9.9 所示。

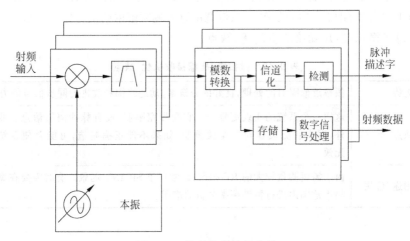

图 9.27 信道化接收机布局

表 9.9　信道化接收机优、缺点

优势	更宽的 RF 带宽覆盖,近似瞬时的频率读取以及中等的频率分辨率,这是由于实际信道数量的限制,提高了灵敏度和更高的选择性[37]
缺点	具有更高性能的系统,需要付出一定的代价,而信道化的接收机也不例外。这些接收机需要更高的复杂性、成本,并以有限的灵敏度提供较低的可靠性
用途/应用	SIGINT 设备和干扰电源管理

9.4.3.6　微扫描/压缩接收机

用于 ED 任务的微扫描接收机或压缩接收机本质上是相同的接收机,重点在于用不同的方式描述接收机的基本操作。微扫描接收机是指接收机快速扫描其本地振荡器,随后混频(参见 9.2.2.3 节)RF 输入信号以产生线性调频信号的能力[178]。而压缩接收机是指通过 SAW 滤波器实现的频散延迟线(dispersive delay line,DDL)对输出 FM 信号的压缩,SAW 滤波器是此接收机体系结构的组成部分①[178]。

压缩接收机的概念在 White 的工作中是开创性的[186],该工作允许宽带接收机通过输出窄脉冲来实现精细的频率分辨率,窄脉冲在 RF 输入信号的时间位置和频率之间保持线性关系。接收机通过获取输入 RF 信号(频率为 f_0)与线性扫描 LO 信号混频,以与 DDL 的频率—时间梯度成反比的速率变化,然后通过视频检测器进行操作,过程说明如图 9.28 所示。DDL 必须匹配扫描 LO 的带宽,该带宽由感兴趣频谱内的信号定义。表 9.10 汇总了微扫描/压缩接收机的优、缺点。

表 9.10　微扫描/压缩接收机优、缺点

优势	频率近似瞬时的处理,良好的分辨率,动态范围和改进的同步信号能力
缺点	这样一个系统的实现更复杂。它受带宽限制,没有脉冲调制信息。此外,锯齿状滤波器对其至关重要,如果不能正确制造,可能会使系统无效
用途/应用	由于需要测量较大的 RF 频谱,通常用于 SIGINT 场景。有时需要在宽频率范围内进行精细频率分析的应用

---

①　设计这样一个接收机所需的数学工作的详细讨论超出了本工作的范围。我们请读者参考文献[178]和文献[186]所做的工作,以获取有关该主题的更多详细信息。

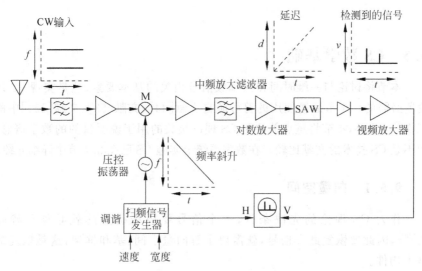

图 9.28　微扫描/压缩接收机说明[49]

9.4.3.7　数字接收机

数字接收机在某些方面近似理想接收机，接收到的信号直接用最高频率的两倍（奈奎斯特准则）进行采样，并且数字化的信号可用于专用 DSP 和（或）处理单元，在其中进行数字滤波、解调，其他技术则通过计算来应用，表 9.11 汇总了数字接收机的优、缺点。

表 9.11　数字接收机优、缺点

优势	良好的同步信号能力，良好的 POI，更高的选择性和动态范围
缺点	这样一个系统非常复杂且非常昂贵。它具有比传统接收机更低的分辨率
用途/应用	陆、海、空 ES 和 SIGINT 场景

不幸的是，使用当前技术，这种理想的接收机尚未完全实现 EW 所占据的整个 RF 频谱。这种系统的成功与否取决于当前 ADC 的采样率（最快的商用 ADC 为 $2.7\sim3.6$ GSPS[76]）、数据吞吐量、处理能力和存储要求。

在当前的数字接收机中，数字化信号的这一障碍通过应用一种被称为带通采样的技术来克服[179]。对这一主题的详细讨论，读者可参见 9.6.3.1 节。

在功能上，顾名思义，带通采样以较低的速率（这是当前技术所能达到的）在特定的带宽内进行，该带宽允许较高的频率混叠或下变频到零 IF，然后将其数字化。滤波器和新颖的信号技术有助于量化 RF 信号和消除杂散信号的性能和准确性，以覆盖高达 20 GHz 的 RF 范围。这样一个系统的例子可在文献[167]中找到。

9.5　CS 数学基础

本节将讨论与一维时间和频率域信号相关的基本要素,这是实现 CS 理论所必需的。本节通篇使用的符号源自文献[44]、文献[53]、文献[150]中的工作①。此外,本节将重点关注与 CS 理论相关的用于说明目的的数学概念,而不是 CS 技术的文献比较。在数字系统上实施 CS 已在 3.4 节中详细介绍。

9.5.1　向量空间

作为 CS 理论的先决条件,一个信号要想精确重建就必须是稀疏的[50],因此要恢复此类信号,就需要了解向量空间、基和框架,这是恢复的基本构件。

为了进行信号处理,本书将输入信号建模为向量(长度为 N),这些向量存在于离散的有限域中,即向量空间,一个 N 维的欧式空间,用 $\mathbb{R}^N$ 表示。在 CS 中经常用于向量空间的一个函数是定义的 l_p 范数,其中 $p \in [1, \infty)$,表达式为

$$\| \boldsymbol{x} \|_p = \left(\sum_{i=1}^{N} | x_i^p | \right)^{1/p}, \quad p \in [1, \infty) \tag{9.42}$$

对于信号逼近的应用,一种常见的技术是范数,因为它可以测量信号的强度和(或)信号误差,将其最小化在特定向量空间中获得对真实信号的最佳估计(见图 9.29)。

举个例子,假设存在于仿射空间中的一个向量 $\boldsymbol{x} \in \mathbb{R}^2$,该仿射空间需要通过一个点 $\hat{\boldsymbol{x}}$ 来近似,其中 $\hat{\boldsymbol{x}} \in A$,$A$ 是任意子空间,那么下面的定义成立,通过使用 l_p 范数采取近似误差,目标是对不同范数服从向量空间 A 的 $\| \boldsymbol{x} - \hat{\boldsymbol{x}} \|_p$ 最小化,$\hat{\boldsymbol{x}} \in A$ 的近似值可以发散到 $\boldsymbol{x}$,并基于所选择的 l_p 范数会产生可测量的误差。

图 9.30 显示了不同 l_p 范数下的这一近似值,从图 9.30 中可以看出,不同范数的近似会产生不同的近似误差,$p > 1$ 的误差分布更均匀或更广泛,而在 $p = 1$ 和拟范数情况下,误差趋于非均匀分布或稀疏[18]。近似误差是稀疏信号及其在 CS 恢复中的根本基础,因为它适用于高维信号和仿射向量空间。

---

① 我们建议读者阅读上述文献,以进一步深入地研究 CS,并提供有关 CS 与其他信号处理应用相关的见解,特别是图像处理方面。

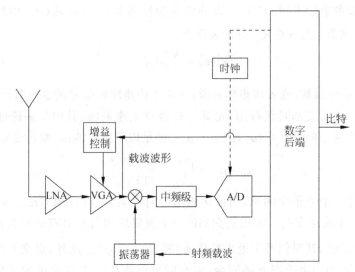

图 9.29　典型的数字接收机结构

然而并不表示理想的接收机，只是当前特定技术限制的一种实现[176]

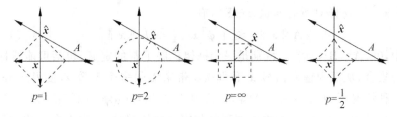

图 9.30　l_p 范数的不同近似结果

其中 p 分别取值 $1,2,\infty$ 和 $1/2$ 的拟范数，p 范数到 A，用 $\hat{x}$ 近似中的一个点。其中 A 表示一个低维子空间，通过扩展范数条件为 x 来近似[53]

9.5.2　集合，基和框架

基于线性代数[112]的基本原理，采样信号可以表示为有限维向量空间 V 中的离散向量，其中 $V \in \mathbb{R}^N$ 和 $K = \{1,2,\cdots,N\}$，即包含跨越 V 的基的向量空间。例如，集合 $\boldsymbol{\psi} = \{\boldsymbol{\psi}_1, \boldsymbol{\psi}_2, \cdots, \boldsymbol{\psi}_K\}$ 线性独立且跨度为 V，则可以定义为向量空间 V 的一个基。

基对于描述相似来源或应用的信号至关重要，这些信号可以由相同基的向量的线性组合表示，每个信号的系数都有变化[53]。在某些情况下，基在 CS 文献中被称为字典。

用离散数学术语，信号可以分解为线性系数（a_i）和基（ψ_i）的线性集合，这样离散信号 $x \in \mathbb{R}^N$ 可以表示为

$$x[n] = \sum_{i \in K} a_i \tilde{\psi}_i \qquad (9.43)$$

其中，$\tilde{\psi}$ 是对偶基，或者用矩阵来说，是用于构建原始信号的逆。有时，用对偶基来生成正交基时很有用，尤其是对信号重建来说，其中如果跨度 V 的一组线性独立向量 $\Phi = \{\mu_1, \mu_2, \cdots, \mu_N\}$ 满足以下条件的话，则构成正交基：

$$\mu_i \cdot \mu_j = \begin{cases} 0, & \text{如 } i \neq j \\ 1, & \text{如 } i = j \end{cases} \qquad (9.44)$$

给定一个非正交的基，用包含该基的向量集，可以按照 Gram-Schmidt 方法[112]生成正交基。使用正交基的一个重要原因与其具有的相关特性有关，也就是说，其对偶等于厄米特伴随（转置）$\psi = \tilde{\psi}^{\mathrm{T}}$。此外，定义基的框架是有用的，因为由于固有的冗余，它有时可以提供一个更先进的信号表示形式。

框架被定义为 $\mathbb{R}^d$ 中向量 $(\psi_i)_{i=1}^n$ 的集合，其中 $d < n$，可以表示为矩阵 $\psi \in \mathbb{R}^{d \times n}$，这样对所有向量 $x \in \mathbb{R}^d$，有

$$A \| x \|_2^2 \leqslant \| \psi^{\mathrm{T}} x \|_2^2 \leqslant B \| x \|_2^2 \qquad (9.45)$$

其中，$0 < A \leqslant B < \infty$①。特别是一个框架扩展了基的定义，包括可能线性相关的集合，从而为输入信号 x 和框架 ψ 带来无限多个系数 α，使得 $x = \alpha \psi$。在这种情况下，ψ 是 $d \times N$ 的矩阵，A 和 B 的值对应 $\psi \psi^{\mathrm{T}}$ 的特征向量[150]。

当考虑对偶框架时，由于框架的包容线性依赖性，无穷多个系数为系数矢量提供了选择，因为信号操作的框架负责确定有效矢量。重要的是，任何对偶框架满足

$$\psi \tilde{\psi}^{\mathrm{T}} = \tilde{\psi} \psi = I \qquad (9.46)$$

被认为是一个可选择的对偶框架，$\tilde{\psi} = (\psi \psi^{\mathrm{T}})^{-1} \psi$ 使得对偶框架能够很好地被定义，因为 $\psi \psi^{\mathrm{T}}$ 基于不等式 $A < 0$ 是可逆的，该不等式要求 ψ 具有线性独立性。因此，获得信号 x 的可行系数向量 β 的方法是通用应用以下操作：

$$\beta = \psi^{\mathrm{T}} (\psi \tilde{\psi}^{\mathrm{T}})^{-1} x \qquad (9.47)$$

在许多 CS 重建步骤中，此系数向量构成了算法的第一步，参见 3.4 节。

---

① 对 $A > 0$ 施加的条件意味着 ψ 的行必须线性独立。当 A 和 B 分别选为不等式的最大值和最小值时，则称为最佳框架边界。当 $A = B$ 时，框架称为 A-紧。最后，当 $A = B = 1$ 时，ψ 是一个 Parseval 框架。

9.5.3 CS传感的矩阵构造

开放文献[25]和文献[43]中对构建CS基兼容矩阵进行了全面的研究。尽管如此，本书提供了标准以及符合可能匹配的矩阵所需的相关证明的概述，并且随后可以用作CS的感知矩阵。本节的大部分内容都源于文献[105]和文献[150]，本书将向读者推荐这些内容以进一步了解CS。

本节首先假设一个感知矩阵Φ，大小为$M \times N$，作用于大小为$N \times 1$的K-稀疏输入向量x（见图3.5），则生成大小为$M \times 1$的输出向量

$$y = \Phi x \tag{9.48}$$

如上所示，如果我们想要使用测量值y通过矩阵Φ从x重建所有稀疏信号，则可以迅速推断出任何一对不同的向量$x, \hat{x} \in \sum_{K} = \{x : \| x \|_0 \leqslant K\}$必会导致$\Phi x \neq \Phi \hat{x}$。否则，根据测量向量$y$来区分$x$和$\hat{x}$是不可能的，因为会有无穷多个解[18]。

更正式地说，仅当ψ的零空间不包含向量$\sum_{2K}$时，Φ才表示所有$x \in \sum_{K}$。Φ的零空间被定义为$N(\Phi) = \{z : \Phi z = 0\}$。表征这一特性并作为明确恢复的典型方法之一是使用spark[46]。

spark

定义9.1 给定矩阵Φ的spark是指Φ中线性相关的列的最小数目[105]。

该定义基于文献[46]推论1产生定理9.1。

定理9.1 对于任何向量y，最多存在一个信号$x \in \sum_{K}$，使得当且仅当spark$(\Phi) > 2K$时，$y = \Phi x$。

因此，基于恢复精确稀疏信号的spark保证成立，但没有扩展到近似稀疏信号，这是由零空间特性（null space property，NSP）处理的。

9.5.4 零空间特性

零空间特性可被视为对Φ的零空间施加更高限制的条件，表示为$N(\Phi)$，来区分近似稀疏的信号[46]。换句话说，$N(\Phi)$必须远离任何可压缩的向量以及稀疏向量[150]。随后，这使NSP能够凭经验表示，Φ的零空间应该被扩展，而不是在一小部分索引上相等[166]。

根据式(9.49)中的条件，NSP的结果提供了一个保证，$2K$阶矩阵足以

建立精确的重建。为了定义 NSP 条件检查的操作,本书采用以下表示法[150]:令 Γ 为索引的子集($\Gamma \subset \{1,2,\cdots,N\}$)及其对应的 $\Gamma^c = \{1,2,\cdots,N\}/\Gamma$。当参考向量 x_Γ 时,它通过将 Γ^c 索引的 x 值设置为 0 来指定长度 N 向量。对大小为 $M \times N$ 的矩阵 $\boldsymbol{\Phi}^c$,运用相同的逻辑将得到矩阵 $\boldsymbol{\Phi}$ 的列由 Γ^c 索引为 0。

定义 9.2 (文献[150]的定义 3.2)如果存在一个常数 $C > 0$,则一个矩阵满足 K 阶 NSP:

$$\| \boldsymbol{h}_\Gamma \|_2 \leqslant C \frac{\| \boldsymbol{h}_{\Gamma^c} \|_1}{\sqrt{K}} \tag{9.49}$$

对于所有的 $\boldsymbol{h} \in N(\boldsymbol{\Phi})$ 和所有满足 $\Gamma \leqslant K$ 的 Γ 都成立。

定理 9.2 文献[35]用 $\boldsymbol{\Phi}: \mathbb{R}^N \rightarrow \mathbb{R}^M$ 表示感知矩阵,用 $\Delta: \mathbb{R}^N \rightarrow \mathbb{R}^M$ 表示任意重建算法。如果对($\boldsymbol{\Phi}$,Δ)满足式(9.50),则 $\boldsymbol{\Phi}$ 满足 $2K$ 阶的 NSP。

因此,如果给定矩阵满足 NSP 准则,则其零空间中唯一的 K-稀疏向量为 $\boldsymbol{h} = 0$。尽管稍后将详细介绍 CS 测量值向量的恢复,但考虑这样一个例子,本书用 Δ 表示重建算法,然后用式(9.49)的 NSP 不等式,可以建立如下保证:

$$\| \Delta(\boldsymbol{\Phi} \boldsymbol{x}) - \boldsymbol{x} \|_2 \leqslant C \frac{\sigma_k(\boldsymbol{x})_1}{\sqrt{K}} \tag{9.50}$$

对所有 $\boldsymbol{x}$,$\boldsymbol{x}$ 由式(9.51)给出

$$\sigma_k(\boldsymbol{x})_p = \min \| \boldsymbol{x} - \hat{\boldsymbol{x}} \|_p, \quad \text{其中} \ \boldsymbol{x} \in \sum_K \tag{9.51}$$

尽管重建方法已在 3.4 节中介绍,但上述等式为所有 K-稀疏向量的精确恢复提供了保证,并表明通过其他一些 K-稀疏向量进行非稀疏信号恢复的可能性很高[105]。

9.5.5 限制等距特性准则

限制等距特性(restricted isometery property,RIP)是一项重要的发展,它超越了 NSP 的条件,从而可以保证在某些形式的误差或噪声破坏了测量值的情况下进行恢复。由文献[29]形式化的保证对矩阵 $\boldsymbol{\Phi}$ 设置了更严格的条件,即等距条件,这在压缩感知中非常普遍。

尽管 RIP 的证明已有文献涉及(参见文献[17]的证明),但是简单来说,如果 $2K$ 阶的 RIP 条件对矩阵 $\boldsymbol{\Phi}$ 成立,则基于式(9.52),$\boldsymbol{\phi}$ 会保留任何一对 K-稀疏向量间的欧氏距离。

定义 9.3 （文献[150]的定义 3.3)如果存在 $\delta\in(0,1)$，则矩阵满足 K 阶限制等距特性：

$$\alpha\parallel x\parallel_2^2 \leqslant \parallel \Phi x\parallel_2^2 \leqslant \beta\parallel\Phi x\parallel_2^2, \quad 有 \alpha=(1-\delta_k) 和 \beta=(1+\delta_k)$$
$$(9.52)$$

对所有的 $x\in\sum_K=\{x:\parallel x\parallel_0\leqslant K\}$ 都成立，其中，$0<\alpha\leqslant\phi<\infty$ 且 $\delta=(\beta-\alpha)/(\beta+\alpha)$ 与 Φ 乘以 $\sqrt{2/(\beta+\alpha)}$ 提供的矩阵仍然满足 RIP，但是，根据式(9.52)具有关于一个对称的缩放矩阵版本。

当处理 RIP 条件时，稳定性是恢复含噪声的测量稀疏信号的关键，尤其是必须选择下边界。换句话说，如果需要信号的稳定恢复，则矩阵的 RIP 必须满足式(9.53)的下限。这个下界准则如下所示，作为矩阵 Φ 的条件，称为 C-稳定[105]。

定义 9.4 （文献[150]中的定义 3.4)用 $\Phi:\mathbb{R}^N\to\mathbb{R}^M$ 表示感知矩阵，用 $\Delta:\mathbb{R}^N\to\mathbb{R}^M$ 表示任意重建算法。我们说对(Φ,Δ)是 C-稳定的，如果对于任意的 $x\in\sum_K$ 和任意的 $e\in\mathbb{R}^M$，我们有

$$\parallel\Delta(\Phi x+e)\parallel_2\leqslant C\parallel e\parallel \qquad (9.53)$$

上面的定义表明，如果将少量噪声添加到 Φx 的测量值中，则信号的重建结果不会是不可预测的[150]。此外，文献[150]中的定理 3.3 表明，通过让 $C\to1$ 使 Φ 满足 RIP(见式(9.52))下限 $\delta_K=1-1/C^2\to0$。因此，如果想降低噪声对信号重建的影响，Φ 必须调整以较小的常数满足 RIP 下限。

基于文献[17]，通过文献[150]中的定理 3.4，潜在感知矩阵(Φ)的测量范围必须达到实现 RIP 所需的测量数量的下限，且暂时忽略 δ 的影响，可在(N、M 和 K)项有高置信水平。由此可给出定理 9.3。

定理 9.3 （文献[150]中的定理 3.4)令 $M\times N$ 的矩阵 Φ 满足具有常数 $\delta\in\left(0,\dfrac{1}{2}\right]$ 的 $2K$ 阶的 RIP。则

$$M\geqslant CK\log(N/K) \qquad (9.54)$$

其中，$C=\dfrac{1}{2}\log(\sqrt{24}+1)\approx0.28$。

基于 Johnson-Linderstrauss 引理[41]并与 RIP 有关，当 δ 明显降低时，会导致 Φ 测量有一个不同的界。即对于服从 $M\geqslant\dfrac{c_0\log p}{\varepsilon^2}=\dfrac{16c_0}{c_1}\dfrac{K}{\delta^2}$ 小的 δ，K 阶 RIP 矩阵的测量结果与 K/δ^2 成正比，从而产生 $K\log N/K$ 的测量边界。

最后,如文献[105]中所示,RIP 条件的一个简便结果出现,即如果矩阵$\boldsymbol{\Phi}$满足 RIP,则它也满足 NSP(参阅文献[105])。这减轻了对矩阵多次检查的依赖,提供了一种更有效的方法来测试用于 CS 重建的感知矩阵的符合性。

9.5.6 兼容 RIP 矩阵

当生成潜在兼容 RIP 的矩阵时,需要一种关键技术,测试矩阵的 RIP是一个问题,而生成一个矩阵则完全是另一问题。本书遵循文献[17]中描述的方法,从具有两个严格条件的概率分布中选择条目 ϕ_{ij},以确保矩阵$\boldsymbol{\Phi}$是 RIP 兼容的。首先,该分布必须保持范数不变,因此 $1/M$ 的方差为

$$E(\phi_{ij}^2) = 1/M \tag{9.55}$$

其次,分布必须是亚高斯分布[①]的,规定存在常数 $c > 0$ 使得

$$E(\phi_{ij}t) \leqslant e^{-c^2t^2/2}, \quad 对所有 t \in \mathbb{R} \tag{9.56}$$

支持该结果的定理在下面给出。

定理 9.4 (文献[150]中的定理 3.6)修正 $\delta \in (0,1)$。令$\boldsymbol{\Phi}$ 是一个 $M \times N$ 的随机矩阵,其项 ϕ_{ij} 是独立同分布(i.i.d)的,ϕ_{ij} 根据 $c^2 = 1/M$ 的严格亚高斯分布画出。如果

$$M \geqslant k_1 K \log(N/M) \tag{9.57}$$

则$\boldsymbol{\Phi}$ 满足规定 δ 的 K 阶 RIP,且概率超过 $1 - 2e^{-k_2 M}$,其中 k_1 是任意的,$k_2 = \delta_2/2k^* - \log(42e/\delta)/k_1$。

尽管亚高斯随机矩阵$\boldsymbol{\Phi}$ 被选为噪声测量的感知矩阵,但实际上,本研究感兴趣的大多数信号并不是自然稀疏的,而是在某些其他基ψ 下。在这种情况下,本研究便希望两个矩阵的结果满足 RIP。幸运的是,基于文献[105]中的发现,如果ψ 是一个正交基,那么可以证明它与亚高斯矩阵$\boldsymbol{\Phi}$ 的乘积也呈高斯分布。只要提供的 M 足够大,则将以高置信度满足 RIP。这个结果至关重要,因为它提供了使用常规变换基构造多种兼容 RIP 矩阵的方法。

9.5.7 不相干性

给定矩阵的相干性,如式(9.58)中给出的$\boldsymbol{\Phi}$,为稀疏信号的独特重建提供了较简单的检查途径,该信号与 spark、NSP 和 RIP 密切相关。如文献

---

① 亚高斯指的是分布尾部的衰减率,该衰减率必须与高斯分布的类似。符合此定义的分布是高斯,努伯利$\pm 1/\sqrt{M}$[150]。

[56]中的定理2(见下文)所示,并在文献[150]中与 Welch 界结合使用,提供了信号稀疏度的上限,给定 $K=O(\sqrt{M})$ 阶相干性,可保证该信号重建的唯一估计。

定理 9.5 (文献[56]中的定理2)具有项 m_{ij},$1\leqslant i,j\leqslant N$ 的 $N\times N$ 的矩阵 $\boldsymbol{M}$ 的特征值位于 N 个单位圆 $d_i=d_i(c_i,r_i)$,$1\leqslant i\leqslant N$ 中,其以 $c_i=m_{ii}$ 为中心,$r_i=\sum\limits_{j\neq i}|m_{ij}|$ 为半径。

此外,矩阵的相干性为

$$\mu(\boldsymbol{\Phi})=\max_{1\leqslant i<j\leqslant N}\frac{|\langle\phi_i,\phi_j\rangle|}{\|\phi_i\|_2\|\phi_j\|_2} \tag{9.58}$$

其中,$\mu(\boldsymbol{\Phi})$ 是 $\boldsymbol{\Phi}$ 中任意两列 ϕ_i,ϕ_j 的最大绝对内积[①]。在文献[105]中,如果给出 $M\leqslant N$,那么相干性的下界近似为 $\mu(\boldsymbol{\Phi})\geqslant1/\sqrt{M}$,也称为 Welch 界。

本质上,利用文献[105],如果 $\boldsymbol{\Phi}$ 具有较低的相干性 $\mu(\boldsymbol{\Phi})$ 和频谱范数 $\|\boldsymbol{\Phi}\|_2$,并且如果 $K=O(\mu^{-2}(\boldsymbol{\Phi})\log N)$,则使用 CS 测量值 $\boldsymbol{y}=\boldsymbol{\Phi x}$ 可以高置信度恢复输入信号 $\boldsymbol{x}$[150]。此外,如果 Welch 界用于 K 的定义中,可得出 $K=O(M\log N)$,这将导致稀疏性和测量值呈现线性依赖性,这与 RIP 施加的条件非常相似[17]。

9.6 采样技术

9.6.1 抽样理论

这个系统模块是模拟的理想 ADC 模块,如图9.31所示,将用于解释说明理想的连续离散时间(C/D)转换器。给定一个模拟连续带限输入信号,C/D 给出离散时间信号的输出。考虑一个输入 $x_c(t)$,以周期 $T_s=1/f_s$ 周期性地采样,在采样频率 f_s 给出离散信号 $x[n]$ 作为输出,其中 $x[n]=x_c(nT)$,如图9.31所示。另一种观察采样过程的方法是通过周期性脉冲响应序列将 $x_c(t)$ 和 $x_s(t)$ 混合(参见9.2.2.3节)。

$$h(t)=\sum_{n=-\infty}^{\infty}\delta(t-nT) \tag{9.59}$$

与输入信号 $x_c(t)$ 混合得到

---

① 内积在这里用 $\langle\beta,\alpha\rangle$ 表示,用 β 和 α 表示任意变量。

$$x_s(t) = x_c(t) \times h(t) = x_c(t) \sum_{n=-\infty}^{\infty} \delta(t - nT) \quad (9.60)$$

$$= \sum_{n=-\infty}^{\infty} x_c(nT)\delta(t - nT) \quad (9.61)$$

因此,连续时间信号的傅里叶变换 $x_c(t) \Rightarrow X_c(j\omega)$; $h(t) \Rightarrow H(j\omega)$ 代表频率域中的卷积,结果为

$$X_s(j\omega) = \frac{1}{2\pi} X_c(j\omega) * H(j\omega) = \frac{1}{T} \sum_{k=-\infty}^{\infty} X_c[j(\omega - k\omega_s)] \quad (9.62)$$

实际上,它是由 $X_c(j\omega)$ 和经采样频率 f_s 整数倍移位后的 $X_c(j\omega)$ 组成并叠加所得[131]。如图 9.31 所示,如果带限输入信号被限制为采样频率的一半,则原始信号可以通过低通滤波器(LPF)重建。否则会出现混叠,信号也将明显衰减。如前所述,该频率称为奈奎斯特频率,表示为

$$f_s > \omega_N \quad (9.63)$$

奈奎斯特频率为 ω_N,要恢复整个带限信号,频率奈奎斯特速率等于 $2\omega_N$。

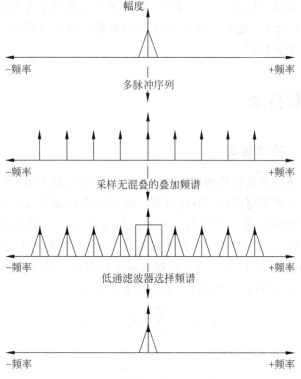

图 9.31 带限信号采样示意图

用脉冲序列叠加,随后通过 LPF 滤波器来产生非故障的信号

9.6.2 传统的混合采样

传统的采样方法利用 ADC 进行量化，由于与奈奎斯特准则相关的 ADC 采样率的限制，其有限的带宽可以精确采样而不会发生混叠现象[128]。在任何射频采样系统中都会出现两种常见情况：一种是必须以超出当前 ADC 限制的载波频率采样有限的带宽；另一种是带宽本身太宽，需要完全采用不同的方法。

对于第一种情况，典型的方法是利用混频器和滤波器（可以在模拟或数字域中完成）将带宽下变频到与 ADC 能力相匹配的适当采样率，称为中频采样。图 9.32 显示了它是如何在频域中应用的。虽然中频采样是用于射频目的（SH 接收机）的典型技术[39]，但由混频器偏差引起的固有频率漂移是一个令人担忧的问题，因为采集的信号会发生错误并减少正确的表示形式。中频采样方法是一种成熟的、经济有效的方法，并且由于实现的复杂度较低，因此中频采样方法是一种首选技术[39]。此外，对于射频通信中的应用，第一种情况通常是任何系统设计中都要考虑的典型方法。

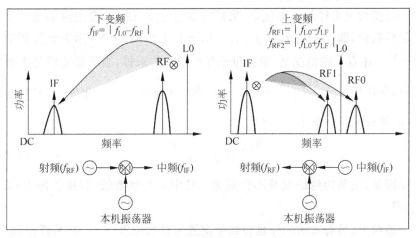

图 9.32 混频对带限信号的影响

分别显示了上变频和下变频[106]

对于第二种情况，需要对宽频带进行采样，大多数射频系统要么使用 2.2.2 节中详细介绍的扫频技术，使用可变的 VCO 在固定的采样频带和较宽的带宽上进行扫描。否则，就像在数字接收机中一样，将使用一组采样器，每个分支特定于覆盖整个感兴趣频谱的一个预定采样带宽。

9.6.3　下采样技术

9.6.3.1　带通采样

我们早就知道,利用混叠技术对带限模拟信号 $x(t)$ 进行离散采样,会导致高频信号的频域降到可以在数字域中恢复的中频信号[179]。这些方法的可行性取决于几个因素,这些因素允许在一个特定载波频率上对所需的带限信号进行相干采样。该方法基于这样的假设,即由于调制信号在载波频率上不进行传输转换,在载波频率上传输的调制信号仍将嵌入信号中的信息保持在较低的振荡频率下。这种将信息保持在较低的振荡频率下的调制是在一个实际的带宽内,可以用相对于调制的速率进行欠采样,而不是依赖带宽中最高频率的奈奎斯特频率。采样取决于以下几个关键变量,即载波频率(f_c)、频段的上限频率(f_u)、频段的下限频率(f_1)、采样频率(f_s)和带宽 $B = f_u - f_1$。为了在零中频信号中无模糊地采样信号,必须满足两个关键条件。但是首先必须定义带宽位置,即从带宽起点测量到较低频带边缘(f_1)的位置,通常是带宽的一部分。

确保均匀采样的标准规定,采样频率为 $f_s = 2B$,下带边缘必须是带宽 B 的整数倍,即 $f_1 = c(f_u - f_1)$,$c = 0, \pm 1, \pm 2, \cdots, \pm N$,称为整数频带定位[179]。还有一种情况是,对频带采样产生均匀采样,当下带边缘是半整数倍时,条件为 $f_1 = \dfrac{(2c+1)}{2}(f_u - f_1)$,称为半整数定位。此外,对于均匀采样,必须确保采样频率 f_s 服从

$$\frac{2f_u}{k} \leqslant f_s \leqslant \frac{2f_1}{k-1} \tag{9.64}$$

因此,正负边缘的混叠不会重叠。其中 k 是整数倍,服从条件 $1 \leqslant k \leqslant f_u/B$。

最简单、最有效的采样是将频带配置为整数位置[184]。在采样过程中,噪声混叠将不可避免地导致信号衰减。但是,通过将采样频率调节为正交采样,可以使信号的失真率最小(请参见文献[179])。我们建议读者参考文献[184]和文献[179],以了解实施此方法时的其他实际相关问题。

带通采样先于类似任何亚采样或亚奈奎斯特特点的其他方法,从而允许系统以较低的 ADC 采样率运行,同时仍可实现信号的充分采样[4,134]。尽管带通采样已用于多种应用(如雷达、通信和天文学等),但应用仍依赖带限信号在高工作频率、低噪声环境下,以限制噪声失真以及最小的相邻频谱

占用(由于频带的折叠)[184]。带通对多频带信号和宽带信号施加了固有的限制,因此,对于如频谱监测和感知之类的情况,带通采样不是优选。

9.6.3.2　周期性非均匀采样

通过对输入信号 $x(t)$ 进行欠采样,周期性非均匀采样(periodic non-uniform sampling,PNS)采用与带通采样相同的方法。但是,对于频谱稀疏的多频带信号,PNS采用相对于频谱中频率决定的采样率,而不是局限于单一带宽的欠采样率[116]。

正如文献[90]提出的,相对于频谱 N 中具有单个带宽 B 的有效频带数,具有已知频率支持的输入多频带信号可以实现采样率的下限。下限来自这些值的乘积,即 $B \times N$。

特别地,PNS 可以通过近似此边界(BN)来进行欠采样并进行适当的信号恢复,而不需要复杂的电路[116]。对于实际的实现,PNS 只需在 ADC之前设置一组时延组件,即可通过时间交错 ADC 来实现①。

PNS 由 m 个欠采样分支组成,这些分支具有相关的时移 $y[n] = x(nT_s + \phi_i), 1 \leqslant m \leqslant f_{NQ}$,其中 f_{NQ} 为奈奎斯特频率,最后处理步骤是恢复输入信号 $x(t)$。文献[86]已经证明了可以使用 PNS 方法以每秒 $2B$ 个样本的采样率精确重建带通信号,然后文献[94]将此方法扩展到了多频带信号。

尽管 PNS 是亚奈奎斯特采样的候选方法,但是该方法的实用性因依赖交错 ADC 中每个分支的奈奎斯特采样轨迹和保持电路而受到限制[89]。同样,由于在单独的采样分支中时延的不完备,需要对引起频率失配和谐波[89]的时间偏移进行补偿,从而进行相关恢复。结合对多频带信号频谱支持的先验知识的必要性,阻碍了 PNS 在通用和动态频率情况下的有效性。

9.6.4　直接采样

从理论上讲,与理想的软件无线电[177]一样,直接采样的采样率能够对所有通信信号(小于 30 GHz)进行采样,以消除对射频模拟组件的需求(见图 9.33)。然而基于当前技术,使用直接采样的上限采样率将采集限制为1.75 GHz 的带宽会带来相应的经济成本。

然而,就像大多数技术趋势一样,当前的直接采样结合了快速 ADC,带

---

①　时间交错 ADC 并行使用 m 个 ADC,采样率等于总采样率 f_{NQ} 的 $1/m$。每个分支都有强加的时间延迟,并且每个分支的选择由以系统时钟为条件的 MUX 控制。

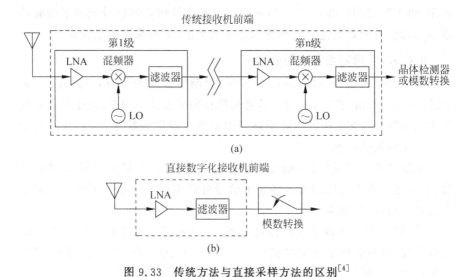

图 9.33   传统方法与直接采样方法的区别[4]

(a) 传统方法；(b) 直接采样

通采样技术，新颖的数字滤波器以及大量的采样器，可以即时对大带宽进行采样，从而模仿了 ADC 可直接对宽带进行采样时的理想情况。这样的系统可在文献[167]中找到，该系统能够瞬时采样高达 20 GHz。

尽管直接采样的实际实现方式会产生较大的相应经济成本①，但由于混合数字处理可以采用无损处理代替模拟处理（滤波、混合、放大），并且可以瞬时覆盖较宽的带宽，因此它确实带来了不产生频率漂移的好处。

9.7   宽带 CS 采样技术

9.7.1   多速率异步亚奈奎斯特采样

多速率异步亚奈奎斯特采样（multi-rate asynchronous sub-nyquist sampling，MASS）方法是一种独特的采样方法，奈奎斯特（f_{NYQ}）的质数倍数是基于亚奈奎斯特 ADC 的多通道采样方法的两倍。MASS 在文献[168]中被首次提出的目的是用于认知无线电（cognitive radio，CR）中的宽带频谱监视。图 9.34 描述了使用宽带滤波器和具有各自的 FFT 块并行素数采样率 ADC 通道的 MASS 系统框图。

---

① 如文献[167]中所示，一个系统通常会超过 200 万兰特。

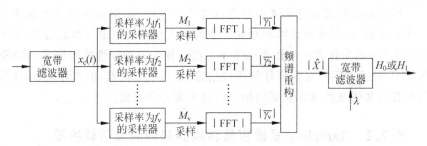

图 9.34　描述 MASS 采样方案实现的系统框图[168]

　　每个分支输出的后续频率幅值被送入 CS 恢复块,利用类似 CMUX 的联合稀疏性恢复技术[51]以恢复频谱幅值。质数 ADC 支路产生的真正原因是带通采样理论和高频信号的奈奎斯特折叠对基带的影响。然而,MASS 使用并行质数采样率作为基础来规避带通混叠的影响,而不是将单个 ADC 置于带通采样条件下(参见 9.6.3.1 节),从而实现多频带信号在多宽带信号上的恢复(详细信息请参见文献[168])。

　　现有的公开文献尚未对该方法的实际实现做进一步的工作,但是,MASS 理论仍然是最有前途的 CS 所依赖的宽带采样技术之一。文献[168]中的仿真结果表明,在中低信噪比环境下,该应用具有高达 20 GHz 的检测能力(见图 9.35)。此外,作为一种采样技术,与类似的多通道采样方法[114,162,190]相比,相对于频谱恢复中的均方误差,MASS 具有最高的压缩率。

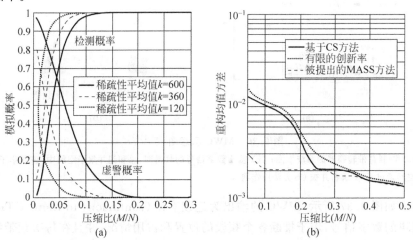

图 9.35　稀疏性和压缩比对 MASS 检测性能的影响说明

(a) 接收到的信号暴露于平均 SNR＝10 dB 的单独 AWGN 信道; (b) 当压缩比变化时,所提系统与现有方法之间的比较[168]

尽管系统的实现复杂度相对来说并不高[168],但 MASS 的恢复也不是一件容易的事,并且对计算和存储负载的要求很高。但输入类似信号,与其他基于 CS 的采样方法相比要求要小一些。作为一种频谱感知技术,MASS 在 FFT 处理之后不会保留任何相位信息,这是一个缺点,但实际上,由于相位固有的非稀疏性,CS 恢复的相位信息大部分会丢失。

9.7.2 Xampling 采样模数转换器和调制宽带转换器

Xampling 技术的应用涉及基于多频带输入信号的宽带场景。换句话说,输入信号由数量有限个带限信号组成,这些带限信号在频率上有适当间隔且不重叠,如图 9.36(b)所示。

实际上实现的调制宽带转换器(modulated wideband converter,MWC)[115]遵循 Xampling[54,117]原理,利用模拟预处理技术通过对输入信号进行解调以降低采样率。而 MWC 则采用多通道的方法,将所有单个分支向下调制到基带,由低速率 ADC 采样,然后给出最终的数字输出子集 $y_i[n]$,MWC 示意图如图 9.36 所示。

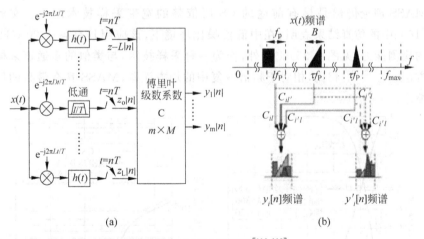

(a)   (b)

图 9.36   MWC 示意图[116,118]

(a) 调制宽带转换器的系统框图;(b) 输出数字信号的频谱图,总和到并集子空间中,该并集子空间通过 CFT 解析并被 CS 方法用作输入

如图 9.37 所示,MWC 的输出为连续有限(continuous-to-finite,CTF)模块的数字信号,用于推断各个频段的位置和占用情况,并且在每次频带结构发生变化时进行更新。CFT 的输出用于在最终恢复阶段恢复频谱。

MWC 的一种硬件高效实现是在文献[118]中实现的,针对一个多频带

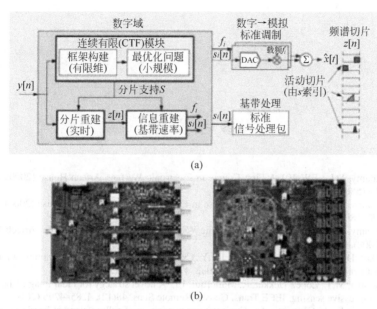

(a)

(b)

图 9.37　CTF 的系统框图(a)与文献[118]中开发的 MWC 硬件板(b)(参考文献[116])

信号 B_N，有 $N=6$ 个带限信号和足够的间隔，每个带宽为 $B=19$ MHz。该设置遵循接收 3 个并发传输的场景，其奈奎斯特速率 $f_{NYQ}=2.075$ GHz。大量的实验结果表明，该采样方案是可行的，亚奈奎斯特采样可用于 CS 的恢复技术。然而，由于处理模块难以将这些信号分组到相邻模块中，因此，MWC 在处理非多频带信号和频率稀疏信号时的灵活性受到了阻碍。

　　多 ADC 和多通道模拟射频前端的成本以及多频带信号的限制（6～10 个）成为采用 MWC 的障碍。实际上，MWC 无法充分恢复宽带频谱以用于频谱监视应用（如 CR 和电子支持）[182]。此外，由于射频前端的设计是类似的，因此在某些情况下，对于宽带应用可以将 Xampling 的 MWC 实现比作滤波器组[58]。

参 考 文 献

1. Adamy, D.L.: EW 101 A First Course in Electronic Warfare. Artech House (2000). ISBN 9781580531696
2. Adamy, D.L.: EW 102 a Second Course in Electronic Warfare. Artech House (2004). ISBN 9781580536867
3. Adamy, D.L.: Introduction to Electronic Warfare Modeling and Simulation. Artech House (2008). ISBN 1580534953
4. Akos, D.M., Stockmaster, M., Tsui, J.B.Y., Caschera, J.: Direct bandpass sampling of multiple distinct RF signals. IEEE Trans. Commun. **47**(7), 983–988 (1999a)
5. Alonso, M.T., López-Dekker, P., Mallorqui, J.J.: A novel strategy for radar imaging based on compressive sensing. IEEE Trans. Geosci. Remote Sens. **48**(12), 4285–4295 (2010)
6. Antoniadis, I., Glossiotis, G.: Cyclostationary analysis of rolling-element bearing vibration signals. J. Sound Vib. **248**(5), 829–845 (2001)
7. Ardoino, R., Megna, A.: LPI radar detection: SNR performances for a dual channel cross-correlation based ESM receiver. In: Radar Conference, 2009. EuRAD 2009. European, pp. 113–116. IEEE (2009)
8. Asif, M.S., Romberg, J.: Sparse recovery of streaming signals using l1-homotopy (2013). arXiv:1306.3331
9. Assaleh, K., Farrell, K., Mammone, R.J.: A new method of modulation classification for digitally modulated signals. In: Military Communications Conference, 1992. MILCOM'92, Conference Record. Communications-Fusing Command, Control and Intelligence., IEEE, pp. 712–716. IEEE (1992)
10. Axell, E., Leus, G., Larsson, E.G., Poor, H.V.: Spectrum sensing for cognitive radio: State-of-the-art and recent advances. IEEE Signal Process. Mag. **29**(3), 101–116 (2012a)
11. Axell, E., Leus, G., Larsson, E.G., Poor, H.V.: Spectrum sensing for cognitive radio: state-of-the-art and recent advances. IEEE Signal Process. Mag. **29**(3), 101–116 (2012b)
12. Azzouz, E.: Automatic Modulation Recognition of Communication Signals. Springer (1996)
13. Balanis, C.A.: Antenna Theory: Analysis and Design. Wiley (2012)
14. Balogh, L., Kollar, I.: Angle of arrival estimation based on interferometer principle. In: 2003 IEEE International Symposium on Intelligent Signal Processing, pp. 219–223. IEEE (2003)
15. Baraniuk, R.G., Cevher, V., Duarte, M.F., Hegde, C.: Model-based compressive sensing. IEEE Trans. Inf. Theor. **56**, 1982–2001 (2010)
16. Baraniuk, R., Steeghs, P.: Compressive radar imaging. In: 2007 IEEE Radar Conference, pp. 128–133. IEEE (2007)

17. Baraniuk, R.G.: Compressive sensing (lecture notes). IEEE Signal Process. Mag. **24**(4), 118–121 (2007)
18. Baraniuk, R., Davenport, M., DeVore, R., Wakin, M.: A simple proof of the restricted isometry property for random matrices. Constr. Approx. **28**(3), 253–263 (2008)
19. Baron, D., Sarvotham, S., Baraniuk, R.G.: Bayesian compressive sensing via belief propagation. IEEE Trans. Signal Process. **58**(1), 269–280 (2010)
20. Barrick, D.E., Lipa, B.J.: Radar angle determination with music direction finding, 23 Nov 1999. US Patent 5,990,834
21. Beck, A., Teboulle, M.: A fast iterative shrinkage-thresholding algorithm for linear inverse problems. SIAM J. Imaging Sci. **2**(1), 183–202 (2009)
22. Boyd, S., Vandenberghe, L.: Convex optimization, October, 2013. http://www.stanford.edu/~boyd/cvxbook/bv_cvxbook.pdf
23. Broto, D.: Antenna basic theory (2013). http://denmasbroto.com/article-13-antenna-basic-theory.html
24. Calderbank, R., Howard, S., Jafarpour, S.: Construction of a large class of deterministic sensing matrices that satisfy a statistical isometry property. IEEE J. Sel. Topics Signal Process. **4**(2), 358–374 (2010)
25. Candes, E.J., Romberg, J.K., Tao, T.: Stable signal recovery from incomplete and inaccurate measurements. Commun. Pure Appl. Math. **59**(8), 1207–1223 (2006)
26. Candes, E., Romberg, J.: ℓ_1–magic, Feb 2013. http://users.ece.gatech.edu/~justin/l1magic/#code
27. Candes, E., Romberg, J.: l1-magic: recovery of sparse signals via convex programming (2005). www.acm.caltech.edu/l1magic/downloads/l1magic.pdf
28. Candès, E.J.,: Compressive sampling. In: Proceedings oh the International Congress of Mathematicians: Madrid, August 22–30, 2006: Invited Lectures, pp. 1433–1452 (2006)
29. Carlin, M., Rocca, P., Oliveri, G., Viani, F., Massa, A.: Directions-of-arrival estimation through bayesian compressive sensing strategies. IEEE Trans. Antennas Propag. **61**(7), 3828–3838 (2013)
30. Chan, Y.T., Plews, J.W., Ho, K.C.: Symbol rate estimation by the wavelet transform. In: Proceedings of 1997 IEEE International Symposium on Circuits and Systems, 1997, ISCAS'97, vol. 1, pp. 177–180. IEEE (1997)
31. Chen, S.S., Donoho, D.L., Saunders, M.A.: Atomic decomposition by basis pursuit. SIAM J. Sci. Comput. **20**(1), 33–61 (1998)
32. Cloete, C.: International ew trends and strategic influences, May, 2013. http://www.aardvarkaoc.co.za/Proceedings/201305
33. Cohen, A., Dahmen, W., DeVore, R.: Compressed sensing and best k-term approximation. J. Am. Math. Soc. **22**(1), 211–231 (2009)
34. Collin, R.E.: Antennas and Radiowave Propagation, vol. 108. McGraw-Hill, New York (1985)
35. Cormode, G., Muthukrishnan, S.: Combinatorial algorithms for compressed sensing. In: Structural Information and Communication Complexity, pp. 280–294. Springer (2006)
36. Cripps, S.C.: RF Power Amplifiers for Wireless Communications, (Artech House Microwave Library). Artech House, Inc. (2006)
37. Croisier, A., Esteban, D., Galand, C.: The diffraction of light by high frequency sound waves: Part 1. In: Proceedings of the International Symposium on Information Circuis and Systems (1976)
38. Dasgupta, Sanjoy: Gupta, Anupam: An elementary proof of the johnson-lindenstrauss lemma, 99–006. International Computer Science Institute, Technical report (1999)
39. Davenport, M., Duarte, M., Eldar, Y., Kutyniok, G.: Theory and Application. Compressed sensing, Cambridge University Press (2012)
40. De Martino, A.: Introduction to EW systems. Artech House, Norwood (2012)
41. De Vore, R.A.: Deterministic constructions of compressed sensing matrices. J. Complex. **23**(4), 918–925 (2007)
42. Donoho, D.L.: Compressed sensing. IEEE Trans. Inf. Theor. **52**(4), 1289–1306 (2006a)

43. Donoho, D.L.: For most large underdetermined systems of linear equations the minimal l1-norm solution is also the sparsest solution. Commun. Pure Appl. Math. **59**(6), 797–829 (2006b)

44. Donoho, D.L., Elad, M.: Optimally sparse representation in general (nonorthogonal) dictionaries via l1 minimization. Proc. Natl. Acad. Sci. **100**(5), 2197–2202 (2003)

45. Drentea, C.: Modern Communications Receiver Design and Technology. Artech House (2010a)

46. Duarte, M.F., Baraniuk, R.G.: Spectral compressive sensing. Appl. Comput, Harmonic Anal (2012)

47. Duarte, M.F., Davenport, M.A., Takhar, D., Laska, J.N., Sun, T., Kelly, K.F., Baraniuk, R.G.: Single pixel imaging via compressive sampling. IEEE Signal Process. Mag. **25**(2), 83–91 (2008)

48. Duarte, M.F., Sarvotham, S., Baron, D., Wakin, M.B., Baraniuk, R.G.: Distributed compressed sensing of jointly sparse signals. In: Asilomar Conference on Signals, System, Computation, pp. 1537–1541 (2005)

49. Eldar, Y.C., Kutyniok, G.: Compressed Sensing: Theory and Applications. Cambridge University Press (2012)

50. Eldar, Y.C., Mishali, M.: Block sparsity and sampling over a union of subspaces. In: 2009 16th International Conference on Digital Signal Processing, pp. 1–8. IEEE (2009)

51. Emmanuel J Candes and Terence Tao. Decoding by linear programming. IEEE Trans. Inf. Theor. **51**(12), 4203–4215 (2005)

52. Ender, J.H.G.: On compressive sensing applied to radar. Signal Process. **90**(5), 1402–1414 (2010)

53. Falk, I.S.: Iterative einschließung der kleinsten (größten) eigenwerte eines hermiteschen matrizenpaares, ii. Acta Mech. **49**(1–2), 111–131 (1983)

54. Fannjiang, A., Liao, W.: Compressed sensing phase retrieval. In: 2011 Conference Record of the Forty Fifth Asilomar Conference on Signals, Systems and Computers (ASILOMAR), pp. 735–738. IEEE (2011)

55. Farhang-Boroujeny, B.: Filter bank spectrum sensing for cognitive radios. IEEE Trans. Signal Process. **56**(5), 1801–1811 (2008)

56. Fernandez, M.R.: High performance computing—nodes, sockets and flops (2014). http://en.community.dell.com/techcenter/high-performance-computing/w/wiki/2329

57. Figueiredo, M.A.T., Nowak, R.D., Wright, S.J.: Gradient projection for sparse reconstruction: application to compressed sensing and other inverse problems. IEEE J. Sel. Top. Signal Process. **1**(4), 586–597 (2007)

58. Finne, M.: Methods for Direction-Finding of Direct-Sequence Spread-Spectrum Signals. DIANE Publishing (1996)

59. Fuller, K.L.: To see and not be seen. In: IEE Proceedings F (Radar and Signal Processing), pp. 1–9. IET (1990)

60. Gabriel, W.F.: Spectral analysis and adaptive array superresolution techniques. Proc. IEEE **68**(6), 654–666 (1980)

61. Gardner, W.A.: The spectral correlation theory of cyclostationary time-series. Signal Process. **11**(1), 13–36 (1986)

62. Gilbert, A.C., Strauss, M.J., Tropp, J.A., Vershynin, R.: One sketch for all: fast algorithms for compressed sensing. In: Proceedings of the Thirty-Ninth Annual ACM Symposium on Theory of Computing, pp. 237–246. ACM (2007)

63. Golub, G.H., Hansen, P.C., O'Leary, D.P.: Tikhonov regularization and total least squares. SIAM J. Matrix Anal. Appl. **21**(1), 185–194 (1999)

64. Gonzalez, G.: Microwave Transistor Amplifiers: Analysis and Design, vol. 2. Prentice Hall, New Jersey (1997)

65. Graham, A.: Communications, Radar and Electronic Warfare. Wiley.com (2011)

66. Grout, I.: Digital Systems Design with FPGAs and CPLDs. Newnes (2011)

67. Gurbuz, A.C., McClellan, J.H., Scott, W.R.: A compressive sensing data acquisition and imaging method for stepped frequency GPRs. IEEE Trans. Signal Process. **57**(7), 2640–2650 (2009)

68. Hale, E.T., Yin, W., Zhang, Y.: A fixed-point continuation method for l1-regularized minimization with applications to compressed sensing. CAAM TR07-07, Rice University (2007)
69. Haupt, J., Bajwa, W.U., Rabbat, M., Nowak, R.: Compressed sensing for networked data. IEEE Signal Process. Mag. **25**(2), 92–101 (2008)
70. Haupt, J., Castro, R., Nowak, R., Fudge, G., Yeh, A.: Compressive sampling for signal classification. In: Fortieth Asilomar Conference on Signals, Systems and Computers, 2006. ACSSC'06, pp. 1430–1434. IEEE (2006)
71. Hong, L., Ho, K.C.: Identification of digital modulation types using the wavelet transform. In: Military Communications Conference Proceedings, 1999. MILCOM 1999. IEEE, vol. 1, pp. 427–431. IEEE (1999)
72. Jacques, Laurent: Vandergheynst, Pierre: Compressed sensing: when sparsity meets sampling. Chapter **23**, 507–527 (2010)
73. Ji, S., Xue, Y., Carin, L.: Bayesian compressive sensing. IEEE Trans. Signal Process. **56**(6), 2346–2356 (2008)
74. Johnk, C.T.A.: Engineering Electromagnetic Fields and Waves, 667 p. John Wiley, New York (1975)
75. Johnson, R.C., Jasik, H.: Antenna Engineering Handbook, 1356 p. McGraw-Hill Book Company, New York (1984). No individual items are abstracted in this volume 1, 1984
76. Jorge, O.: Estimation, detection, and identification (2014). http://isr.ist.utl.pt/~pjcro/courses/def0910/docs/EFI3CRLB.pdf
77. Kay, S.M.: Fundamentals of Statistical Signal Processing, Volume III: Practical Algorithm Development, vol. 3. Pearson Education (2013)
78. Kim, S., Koh, K., Lustig, M., Boyd, S., Gorinevsky, D.: An interior-point method for large-scale ℓ_1-regularized least squares. IEEE J. Sel. Top. Signal Process. **1**(4), 606–617 (2007)
79. Kirolos, S., Laska, J., Wakin, M., Duarte, M., Baron, D., Ragheb, T., Massoud, Y., Baraniuk, R.: Analog-to-information conversion via random demodulation. In: 2006 IEEE Dallas/CAS Workshop on Design, Applications, Integration and Software, pp. 71–74. IEEE (2006)
80. Kohlenberg, A.: Exact interpolation of band-limited functions. J. Appl. Phys. **24**(12), 1432–1436 (1953)
81. Kotelnikov, V.: On the carrying capacity of the ether and wire in telecommunications. Izd. Red. Upr, Svyazi RKKA (1993)
82. Kozminchuk, B., Elsaesser, D.: Advanced communication esm system design considerations (2013). http://www.dtic.mil/dtic/tr/fulltext/u2/a259014.pdf
83. Kuang, Y., Shi, Q., Chen, Q., Yun, L., Long, K.: A simple way to deinterleave repetitive pulse sequences. In: 7th WSEAS International Conference on Mathematical Methods and Computational Techniques in Electrical Engineering, Sofia, pp. 218–222 (2005)
84. Kurosawa, N., Kobayashi, H., Maruyama, K., Sugawara, H., Kobayashi, K.: Explicit analysis of channel mismatch effects in time-interleaved adc systems. IEEE Trans. Circ. Syst. I Fundam. Theor. Appl. **48**(3), 261–271 (2001)
85. Landau, H.J.: Necessary density conditions for sampling and interpolation of certain entire functions. Acta Math. **117**(1), 37–52 (1967)
86. Laska, J., Kirolos, S., Massoud, Y., Baraniuk, R., Gilbert, A., Iwen, M., Strauss, M.: Random sampling for analog-to-information conversion of wideband signals. In: 2006 IEEE Dallas/CAS Workshop on Design, Applications, Integration and Software. pp. 119–122. IEEE (2006)
87. Levy, R., Cohn, S.B.: A history of microwave filter research, design, and development. IEEE Trans. Microw. Theor. Tech. **32**(9), 1055–1067 (1984)
88. Liang, Y.-C., Chen, K.-C., Li, G.Y., Mahonen, P.: Cognitive radio networking and communications: an overview. IEEE Trans. Veh. Technol. **60**, 3386–3407 (2011)
89. Lin, Y.-P., Vaidyanathan, P.P.: Periodically nonuniform sampling of bandpass signals. IEEE Trans. Circ. Syst. II: Anal. Digit. Signal Process. **45**(3), 340–351 (1998)
90. Liu, D., Pfeiffer, U., Grzyb, J., Gaucher, B.: Advanced Millimeter-Wave Technologies: Antennas. Wiley, Packaging and Circuits (2009)

91. Looney, M.: Advanced digital post-processing techniques enhance performance in time-interleaved adc systems, October, 2013. http://www.analog.com/library/analogdialogue/archives/37-08/post_processing.html

92. Lopez-Risueno, G., Grajal, J., Sanz-Osorio, A.: Digital channelized receiver based on time-frequency analysis for signal interception. IEEE Trans. Aerosp. Electron. Syst. **41**(3), 879–898 (2005)

93. Loris, I.: On the performance of algorithms for the minimization of ℓ_1-penalized functionals. Inverse Probl. **25**(3), 035008 (2009)

94. Louis, E.K.: Electromagnetic spectrum, September, 2013. http://www.unwittingvictim.com/Electromagnetic-Spectrum-3H.PNG

95. Lu, W., Vaswani, N.: Modified basis pursuit denoising (modified-bpdn) for noisy compressive sensing with partially known support. In: 2010 IEEE International Conference on Acoustics Speech and Signal Processing (ICASSP), pp. 3926–3929. IEEE (2010)

96. Lustig, M., Donoho, D., Pauly, J.M.: Sparse mri: the application of compressed sensing for rapid mr imaging. Magn. Reson. Med. **58**(6), 1182–1195 (2007)

97. Ma, S.: Alternating direction method of multipliers for sparse principal component analysis. J. Oper. Res. Soc. China 1–22 (2011)

98. Mallat, S.G., Zhang, Z.: Matching pursuits with time-frequency dictionaries. IEEE Trans. Sig. Process. **41**(12), 3397–3415 (1993)

99. Marchesini, S.: Ab initio compressive phase retrieval (2008). arXiv preprint arXiv:0809.2006

100. Marki, F., Marki, C.: Taking measure of microwave mixers (2013). http://mwrf.com/components/taking-measure-microwave-mixers

101. Matuszewski, J., Paradowski, L.: The knowledge based approach for emitter identification. In: 12th International Conference on Microwaves and Radar, 1998. MIKON'98, vol. 3, pp. 810–814. IEEE (1998)

102. Matuszewski, J.: Specific emitter identification. In: Radar Symposium, 2008 International, pp. 1–4. IEEE (2008)

103. Maurer, D.E., Chamlou, R., Genovese, K.O.: Signal processing algorithms for electronic combat receiver applications. Johns Hopkins APL Tech. Digest **18**(1), 69 (1997)

104. Maxwell, J.C.: A dynamical theory of the electromagnetic field. Philos. Trans. R. Soc. Lond. **155**, 459–512 (1865)

105. Meyer, C.: Matrix analysis and applied linear algebra book and solutions manual. SIAM, **2** (2000)

106. Milojević, D.J., Popović, B.M.: Improved algorithm for the deinterleaving of radar pulses. In: IEE Proceedings F (Radar and Signal Processing), vol. 139, pp. 98–104. IET (1992)

107. Mishali, M., Eldar, Y.C., Dounaevsky, O., Shoshan, E.: Xampling: analog to digital at sub-nyquist rates. IET Circ. Dev. Syst. **5**(1), 8–20 (2011)

108. Mishali, M., Eldar, Y.C., Dounaevsky, O., Shoshan, E.: Xampling: analog to digital at sub-nyquist rates. IET Circ. Dev. Syst. **5**(1), 8–20 (2011)

109. Mishali, M., Eldar, Y.C., Elron, A.: Xampling–part 1: Practice. Arxiv preprint (2009)

110. Mishali, M., Eldar, Y.C.: Blind multiband signal reconstruction: Compressed sensing for analog signals. IEEE Trans. Sig. Process. **57**(3), 993–1009 (2009)

111. Mishali, M., Eldar, Y.C.: Sub-nyquist sampling. IEEE Sig. Process. Mag. **28**(6), 98–124 (2011)

112. Mishali, M., Eldar, Y.C.: Wideband spectrum sensing at sub-nyquist rates. IEEE Sig. Process. Mag. **28**(4), 102–135 (2011)

113. Moravec, M., Romberg, J., Baraniuk, R.: Compressed sensing phase retrieval. SPIE, Wavelets XII **6701**, 91 (2007)

114. Nandi, A.K., Azzouz, E.E.: Algorithms for automatic modulation recognition of communication signals. IEEE Trans. Commun. **46**(4), 431–436 (1998)

115. National Instruments. Filter specifications (2013). http://zone.ni.com/reference/en-XX/help/371325F-01/lvdfdtconcepts/dfd_filter_spec/

116. Naval Air Systems Command. Electronic warfare and radar systems engineering handbook, January, 2013. http://www.microwaves101.com/encyclopedia/navy

117. Needell, D., Tropp, J.A.: Cosamp: iterative signal recovery from incomplete and inaccurate samples. Appl. Comput. Harmon. Anal. **26**(3), 301–321 (2009)
118. Needell, D., Tropp, J.A.: Cosamp: iterative signal recovery from incomplete and inaccurate samples. Commun. ACM **53**(12), 93–100 (2010)
119. Needell, D., Vershynin, R.: Signal recovery from incomplete and inaccurate measurements via regularized orthogonal matching pursuit. IEEE J. Sel. Top. Sig. Process. **4**(2), 310–316 (2010)
120. Neri, F.: Introduction to Electronic Defense Systems. SciTech Publishing (2005)
121. Neri, F.: Introduction to Electronic Defense Systems. Artech House, Norwood (1991)
122. Nesterov, Y., Nemirovskii, A.S., Ye, Y.: Interior-point polynomial algorithms in convex programming. SIAM **13** (1994)
123. Nyquist, H.: Certain topics in telegraph transmission theory. Trans. AIEE **47**, 617–644 (1928)
124. Ohlsson, H., Yang, A.Y., Dong, R., Sastry, S.S.: Compressive phase retrieval from squared output measurements via semidefinite programming (2011). arXiv preprint arXiv:1111.6323
125. Oppenheim, A.V., Schafer, R.W., Buck, J.R., et al.: Discrete-Time Signal Processing, vol. 5. Prentice Hall, Upper Saddle River (1999)
126. Paige, C.C., Saunders, M.A.: Lsqr: an algorithm for sparse linear equations and sparse least squares. ACM Trans. Math. Softw. (TOMS) **8**(1), 43–71 (1982)
127. Parisi, C.: Sensors smart sensors and sensor control electronics (2013). http://www.eeweb.com/blog/carmen_parisi/P10
128. Patel, M., Darwazeh, I., O'Reilly, J.J.: Bandpass sampling for software radio receivers, and the effect of oversampling on aperture jitter. In: IEEE 55th Vehicular Technology Conference, 2002. VTC Spring 2002, vol. 4, pp. 1901–1905. IEEE (2002)
129. Pati, Y.C., Rezaiifar, R., Krishnaprasad, P.S.: Orthogonal matching pursuit: recursive function approximation with applications to wavelet decomposition. In: 1993 Conference Record of The Twenty-Seventh Asilomar Conference on Signals, Systems and Computers, 1993, pp. 40–44. IEEE (1993)
130. Peleg, S., Porat, B.: The cramer-rao lower bound for signals with constant amplitude and polynomial phase. IEEE Trans. Sig. Process. **39**(3), 749–752 (1991)
131. Pesavento, M., Gershman, A.B., Haardt, M.: Unitary root-music with a real-valued eigendecomposition: a theoretical and experimental performance study. IEEE Trans. Sig. Process. **48**(5), 1306–1314 (2000)
132. Po, K., Takada, J.-I.: Signal detection based on cyclic spectrum estimation for cognitive radio in ieee 802.22 wran system. The Institute of Electronics, Information and Communication Engineers, Technical Reportof IEICE (2007)
133. Poisel, R.A.: Introduction to communication electronic warfare systems. Artech House (2008). ISBN 1580533442
134. Polo, Y.L., Wang, Y., Pandharipande, A., Leus, G.: Compressive wide-band spectrum sensing. In: IEEE International Conference on Acoustics, Speech and Signal Processing, 2009. ICASSP 2009, pp. 2337–2340. IEEE (2009)
135. Polydoros, A., Kim, K.: On the detection and classification of quadrature digital modulations in broad-band noise. IEEE Trans. Commun. **38**(8), 1199–1211 (1990)
136. Poynting defence. Tactical direction finding antenna (2013). http://www.poyntingdefence.com/index.php?q=catalogue|productinfo,39,Tactical-Direction-Finding-Antenna
137. Pozar, D.M.: Microwave and RF Design of Wireless Systems. Wiley (2000)
138. Quinn, D.: An fpga implementation feasibility study of the correlative interferometer direction finding algorithm—part 2: in depth. Technical report, NUTAQ (2013). http://nutaq.com/en/blog/fpga
139. Quiroga, R.Q., Nadasdy, Z., Ben-Shaul, Y.: Unsupervised spike detection and sorting with wavelets and superparamagnetic clustering. Neural Comput. **16**(8), 1661–1687 (2004)
140. Ragheb, T., Laska, J.N., Nejati, H., Kirolos, S., Baraniuk, R.G., Massoud, Y.: A prototype hardware for random demodulation based compressive analog-to-digital conversion. In: 51st Midwest Symposium on Circuits and Systems, 2008. MWSCAS 2008, pp. 37–40. IEEE (2008)

141. Rahman, Arifur: FPGA Based Design and Applications. Springer (2008)
142. Ren, Q.S., Willis, A.J.: Fast root music algorithm. Electron. Lett. **33**(6), 450–451 (1997)
143. Rice, D.W.: Hf direction finding by wave front testing in a fading signal environment. Radio Sci. **17**(4), 827–836 (1982). ISSN 1944-799X. doi:10.1029/RS017i004p00827
144. Richard, B., Mark, D., Marco, D., Chinmay, H., Jason, L., Mona, S., Wotao, Y.: An Introduction to Compressive Sensing (2012). http://cnx.org/content/col11133/1.5/
145. Rohde, U.L., Rudolph, M.: RF/microwave circuit design for wireless applications. Wiley.com (2013)
146. Romberg, J.: Imaging via compressive sampling. IEEE Signal Process. Mag. **25**(2), 14–20 (2008)
147. Roy, R., Kailath, T.: Esprit-estimation of signal parameters via rotational invariance techniques. IEEE Trans. Acoust. Speech Signal Process. **37**(7), 984–995 (1989)
148. Saeid, S.H.: Study of the cell towers radiation levels in residential areas. In: Communication Systems, p. 87 (2013)
149. Schaller, R.R.: Moore's law: past, present and future. IEEE Spect. **34**(6), 52–59 (1997)
150. Schleher, D.C.: Electronic Warfare in the Information Age, 1st edn. Artech House Inc, Norwood, MA, USA (1999). ISBN 0890065268
151. Schleher, D.C.: Introduction to Electronic Warfare. Artech House, Norwood, MA (1994)
152. Schmidt, R.: Multiple emitter location and signal parameter estimation. IEEE Trans. Antennas Propag. **34**(3), 276–280 (1986)
153. Shan, T.-J., Kailath, T.: Adaptive beamforming for coherent signals and interference. IEEE Trans. Acoust. Speech Signal Process. **33**(3), 527–536 (1985)
154. Shannon, C.: Communication in the presence of noise. Proc. Inst. Radio Eng. **37**(1), 108211:21 (1949)
155. Sills, J.A.: Maximum-likelihood modulation classification for psk/qam. In: Military Communications Conference Proceedings, 1999. MILCOM 1999. IEEE, vol. 1, pp. 217–220. IEEE (1999)
156. Slavinsky, J.P., Laska, J.N., Davenport, M.A., Baraniuk, R.G.: The compressive multiplexer for multi-channel compressive sensing. In: 2011 IEEE International Conference on Acoustics, Speech and Signal Processing (ICASSP), pp. 3980–3983. IEEE (2011)
157. Soliman, S.S., Hsue, S.-Z.: Signal classification using statistical moments. IEEE Trans. Commun. **40**(5), 908–916 (1992)
158. Stearns, S.D., Hush, D.R.: Digital Signal Processing with Examples in MATLAB. CRC Press (2012)
159. Stephens, J.P.: Advances in signal processing technology for electronic warfare. IEEE Aerosp. Electron. Syst. Mag. **11**(11), 31–38 (1996)
160. Stojnic, M., Xu, W., Hassibi, B.: Compressed sensing-probabilistic analysis of a null-space characterization. In: IEEE International Conference on Acoustics, Speech and Signal Processing, 2008. ICASSP 2008, pp. 3377–3380. IEEE (2008)
161. Strmbck, P., Schultz, H.: Direct sampled wide band digital receivers in rwr/esm applications, October 2013. http://www.aardvarkaoc.co.za/index_files/Page5847.htm
162. Sun, H., Nallanathan, A., Wang, C.-X., Chen, Y.: Wideband spectrum sensing for cognitive radio networks: a survey. IEEE Wirel. Commun. **20**, 74–81 (2013)
163. Texas Instruments. Data converters, October 2013a. http://www.ti.com/lsds/ti/data-converters/high-speed-adc-greater-than-1gsps-rf-sampling.page
164. Texas Instruments. Digital signal processors (2014). http://www.ti.com/lsds/ti/dsp/overview.page
165. Texas Instruments. Low noise amplifiers, October 2013b. http://www.ti.com/lsds/ti/amplifiers-linear
166. Tian, Z., Giannakis, G.B.: Compressed sensing for wideband cognitive radios. In: IEEE International Conference on Acoustics, Speech and Signal Processing, 2007. ICASSP 2007, vol. 4, pp. IV-1357. IEEE (2007)
167. Tropp, J.A., Gilbert, A.C.: Signal recovery from random measurements via orthogonal matching pursuit. IEEE Trans. Inf. Theor. **53**(12), 4655–4666 (2007a)

168. Tropp, J.A., Laska, J.N., Duarte, M.F., Romberg, J.K., Baraniuk, R.G.: Beyond nyquist: efficient sampling of sparse band limited signals. IEEE Trans. Inf. Theor. **56**(1), 520–544 (2010)

169. Tsaig, Y., Donoho, D.L.: Extensions of compressed sensing. Signal Process. **86**(3), 549–571 (2006)

170. Tsui, J.: Digital Techniques for Wideband Receivers. SciTech Publishing (2004)

171. Tuncer, T.E., Friedlander, B.: Classical and Modern Direction-of-Arrival Estimation. Access Online via Elsevier (2009)

172. Tuttlebee, W.H.W.: Software defined radio: origins, drivers, and international perspectives. John Wiley (2002)

173. University of Berkley: Software (2013). http://www.eecs.berkeley.edu/~yang/software/softwarepage.html

174. Vaccaro, D.D.: Electronic Warfare Receiving Systems. Artech House (1993)

175. Vaughan, R.G., Scott, N.L., White, D.R.: The theory of bandpass sampling. IEEE Trans. Signal Process. **39**(9), 1973–1984 (1991)

176. Venosa, E.: Eeweb electrical engineering home, how to specify an adc for a digital communications receiver, February, 2013. http://www.eeweb.com/blog/elettra_venosa

177. Vizmuller, P.: Radio Frequency Design Guide. Artech House (1995)

178. Wakin, M., Becker, S., Nakamura, E., Grant, M., Sovero, E., Ching, D., Yoo, J., Romberg, J., Emami-Neyestanak, A., Candes, E.: A nonuniform sampler for wideband spectrally-sparse environments. IEEE J. Emerg. Sel. Top. Circ. Syst. **2**(3), 516–529 (2012)

179. Walden, R.H.: Analog-to-digital converter survey and analysis. IEEE J. Sel. Areas Commun. **17**(4), 539–550 (1999)

180. Waters, W.M., Jarrett, B.R.: Bandpass signal sampling and coherent detection. IEEE Trans. Aerosp. Electron. Syst. **1**(6), 731–736 (1982)

181. Wepman, J.A.: Analog-to-digital converters and their applications in radio receivers. IEEE Commun. Mag. **33**(5), 39–45 (1995)

182. White Paper Altera. Radar provessing: Fpgas or gpus (2014). https://www.altera.com/en_US/pdfs/literature/wp/wp-01197-radar-fpga-or-gpu.pdf

183. White, W.D.: Frequency domain conversion, September 27 1960. US Patent 2,954,465

184. Whittaker, E.: On the function which are represented by the expansions of interpolation theory. Proc. Roy. Soc. Edinburgh, Sect. A **35**, 181 8211;194 (1915)

185. Wright, S.J., Nowak, R.D., Figueiredo, M.A.T.: Sparse reconstruction by separable approximation. IEEE Trans. Signal Process. **57**(7), 2479–2493 (2009)

186. Yang, A.Y., Sastry, S.S., Ganesh, A., Ma, Y.: Fast ℓ_1-minimization algorithms and an application in robust face recognition: a review. In: 2010 17th IEEE International Conference on Image Processing (ICIP), pp. 1849–1852. IEEE (2010)

187. Yoo, J., Becker, S., Monge, M., Loh, M., Candes, E., Emami-Neyestanak, A.: Design and implementation of a fully integrated compressed-sensing signal acquisition system. In: 2012 IEEE International Conference on Acoustics, Speech and Signal Processing (ICASSP), pp. 5325–5328. IEEE (2012)

188. Ziskind, I., Wax, M.: Maximum likelihood localization of multiple sources by alternating projection. IEEE Trans. Acoust. Speech Signal Process. **36**(10), 1553–1560 (1988)